100 FAKTEN
TILL LINDEMANN

Er wird gehasst und vergöttert, gilt bei den einen als stumpfsinniger Provokateur, bei anderen als hochintelligenter Feingeist: Till Lindemann. Der Sänger der ostdeutschen Industrial-Metal-Band Rammstein ist mindestens so umstritten wie die Formation, deren Frontmann er ist. Mit seinem Projekt Lindemann mit dem schwedischen Death-Metal-Musiker Peter Tägtgren und den Solo-Veröffentlichungen schien er endgültig ausreizen zu wollen, was dem Publikum zuzumuten ist. Und immer, wenn er mit der Überschreitung einer Grenze durchkam, griff er die nächste an. Vielleicht ist es genau das, was Till Lindemann als Künstler antreibt – der Tabubruch. Es gibt nicht Wenige, die ihm attestieren, ständig das Terrain des guten Geschmacks zu verlassen. Allerdings haben diese Leute eine andere Definition davon, was „guter Geschmack" ist, als Lindemann.

„100 Fakten" versucht, sich dem Phänomen Till Lindemann anzunähern. Die einzelnen Schlagworte sind Teile eines Mosaiks, das zusammengelegt am Ende ein Bild entstehen lässt, das einen Blick hinter die Kunstfigur Till Lindemann gewährt. Der geniale Künstler offenbart sich einem, den Menschen wagt man zu erahnen. Einiges wird den Leser erschrecken, anderes überraschen. Mysteriös bleibt der gebürtiger Leipziger, der in Mecklenburg aufgewachsen ist, aber auch nach der Lektüre dieses Buches. Denn man weiß nie, was er als nächstes tun wird …

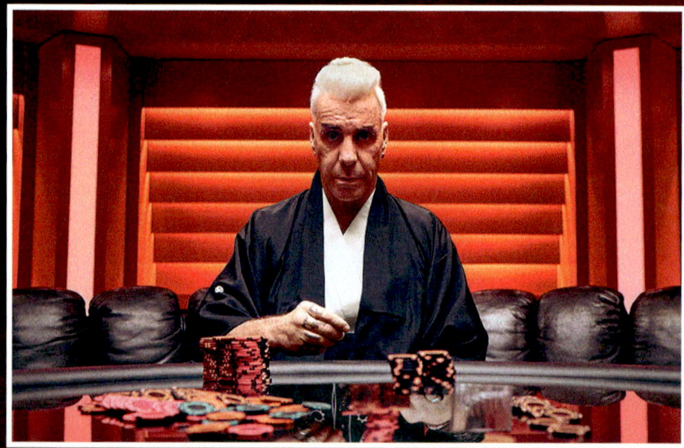

Impressum

Verlag:
HEEL Verlag GmbH
Pottscheid 1
53639 Königswinter
Tel.: 02223 9230-0
Fax: 02223 9230-13
E-Mail: info@heel-verlag.de
www.heel-verlag.de

Herausgeber:
Franz-Christoph Heel

Chefredaktion:
Jens-Uwe Berndt
Michael Fuchs-Gamböck

Bildbearbeitung:
Fred Klöpfel
Margit Grommes

Gestaltung:
Gertrud Stein, Köln

Covergestaltung:
Axel Mertens

Umschlaggestaltung:
Margit Grommes

Herstellung:
Fred Klöpfel
Margit Grommes

Fotonachweis:
© picture alliance: 6, Gonzales Photo/Lasse Lagoni | Gonzales Photo/Lasse Lagoni (3), dpa | Carsten Rehder (4/5), Geisler-Fotopress | Nancy Heusel/Geisler-Fotopress (6/7), dpa | Malte Krudewig (8/9), ASSOCIATED PRESS | NSUS Malta Ltd/News Aktuell via AP Images (2, 11), dpa | Alexander Shcherbak (10), dpa | Ivanov Fadey (12/13), M.i.S.-Sportpressefoto|MiS (12o), IPA | Emmanuele Olivi/ipa-agency.net (12u), dpa/dpaweb | Soeren Stache (14/15), dpa | Fabian Sommer (16/17), Geisler-Fotopress | Rudi Keuntje/Geisler-Fotopress (16), dpa | Sophie Tumme-scheit (18), PYMCA/Photoshot | Gonzales Photo/Christian Hjorth (20/21), Caro | Teich (22), imageBROKER | Rolf Zöllner (23), ZB | Thomas Schulze (26/27), Eventpress Radke | Eventpress Radke (28/29), ZB | Sascha Steinach (30/31), DALLE APRF | © DALLE APRF (31), imageBRO-KER | Simon Belcher (32/33), dpa | Annette Riedl (34/35), Eventpress Hoensch | Eventpress Hoensch (36/37), Martin Huber/picturedesk.com | Martin Huber (37), dpa/dpaweb | Soeren Stache (38/39), Aftonbladet | NILSSON NILS PETTER/Aftonbladet/TT (40/41), dpa | Jens Büttner (42/43), Geisler-Fotopress | Christoph Hardt/Geisler-Fotopress (43), dpa | Britta Pedersen (44/45), Pacific Press | Roberto Finizio (46), Gonzales Photo/Thomas Rungstrom | Gonzales Photo/Thomas Rungstrom (48/49), akg-images | akg-images (50/51), dpa/TASS | Marina Lystseva (51), ZB/euroluftbild.de | Robert Grahn (53), dpa | Atlantic Streamline (54/55), xim.gs | xim.gs/Marco Maas (56/57), Photoshot (59), Gonzales Photo/Nikolaj Bransholm | Gonzales Photo/Nikolaj Bransholm (60/61), PYMCA/Photoshot | Gonzales Photo/Christian Hjorth (62/63), Geisler-Fotopress | Matthias Wehnert/Geisler-Fotopress (65), ZUMAPRESS.com | Photoagency Interpress (66/67), Geisler-Fotopress | Tschiponnique Skupin/Geisler-Fotopress (67), DALLE APRF | © DALLE APRF (69), jazzarchiv | Hardy Schiffler (70/71), Eventpress | Eventpress Radke (70), dpa | Bernd Wüstneck (71), Everett Collection | Courtesy Everett Collection (72/73), DALLE APRF | Nidhal MARZOUK (74/75), Gonzales Photo/Sebastian Dammark | Gonzales Photo/Sebastian Dammark (76/77), dpa | Jens Koch (78/79), dpa | Axel Heimken (80)

Coverbilder: ZUMAPRESS.com | Ismael Rosas/ Eyepix Group (U1), DALLE APRF | © DALLE Aprf (U2), Gonzales Photo/Sebastian Dammark | Gonzales Photo/Sebastian Dammark (U4, 24/25)

Vertrieb:
Der Medienvertrieb GmbH & Co. KG
Meßberg 1, 20086 Hamburg
Tel.: 040 30191800
www.dermedienvertrieb.de

Druck:
westermann DRUCK | pva
Georg-Westermann-Allee 66
38104 Braunschweig

Datenschutzerklärung:
ds.heel-verlag.de

Gerichtsstand:
Königswinter

ISSN: 2941-8372
ISBN: 978-3-96664-745-8

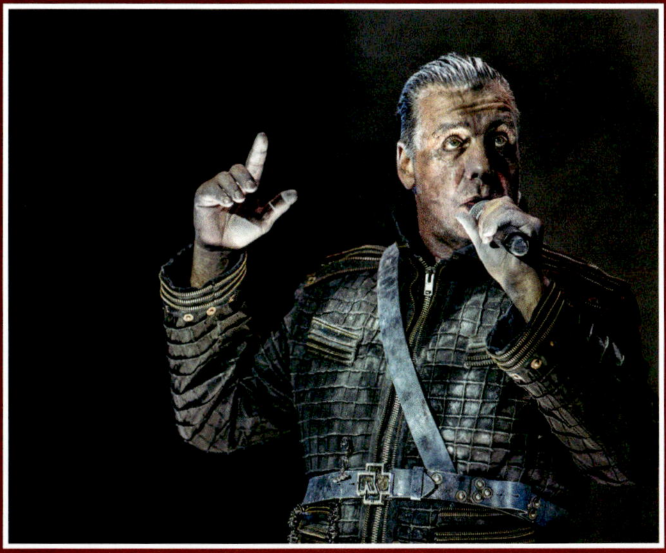

FAKT 1

ALKOHOL

Zumindest bei frühen Auftritten der Band wie auch bei Lindemanns erster namhafter Vorgänger-Gruppe First Arsch ist bekannt, dass Alkohol in Strömen floss, nicht nur bei den Mitgliedern, sondern gerade bei DDR-Gigs auch im Publikum. Speziell hochprozentiger Sprit versetzte Lindemann und Konsorten im Saal in hektisch gute Laune, bis nicht selten schon mal Chaos ausbrach. Vor allem dann, wenn die meisten im Raum Anwesenden exzessiv Schnaps konsumiert hatten.

FAKT 2

AMERIKA

Rammstein hat Millionen frenetischer amerikanischer Fans. Warum die Band in den USA so beliebt ist, darüber haben sich schon manche den Kopf zerbrochen. Fast alle Analysen tendieren dazu, dass Rammstein etwas bediene, das dem amerikanischen Publikum fehle: Die Gelegenheit, die Faust zu recken und auf Deutsch zu singen.
Andererseits, so schrieb die «Washington Post» deshalb, weil Deutsch zu Metal so zwingend passe wie ein britischer Akzent zu Punk und ein Midwest-Gnarl zu Country. Alles zusammen macht das wohl nicht nur für Amerikaner reizvolle Klischee der «Deutschen Härte» aus – Kritiker nennen es Nazi-Gehabe, für US-Anhänger ist es häufig pure, nicht immer ernst zu nehmende Avantgarde.
Provokation hin oder her: Rammstein ist die erfolgreichste deutsche Band, auch im Ausland, ihre Live-Shows Kult. „In aller Unbescheidenheit: Ich treffe ganz viele Leute, die wegen uns Deutsch lernen", sagt Paul Landers im „Tagesspiegel" vom 20.12.2020. Der Fremdspracheneffekt vernebelt manches, aber er führt auch zu interessanten Steigerungen: So wird aus «Sehnsucht» manchmal „Chainsaw" (z. dt.: „Kettensäge"), weil das ähnlich klingt und mehr zu den von Rammstein provozierten Projektionen passt.

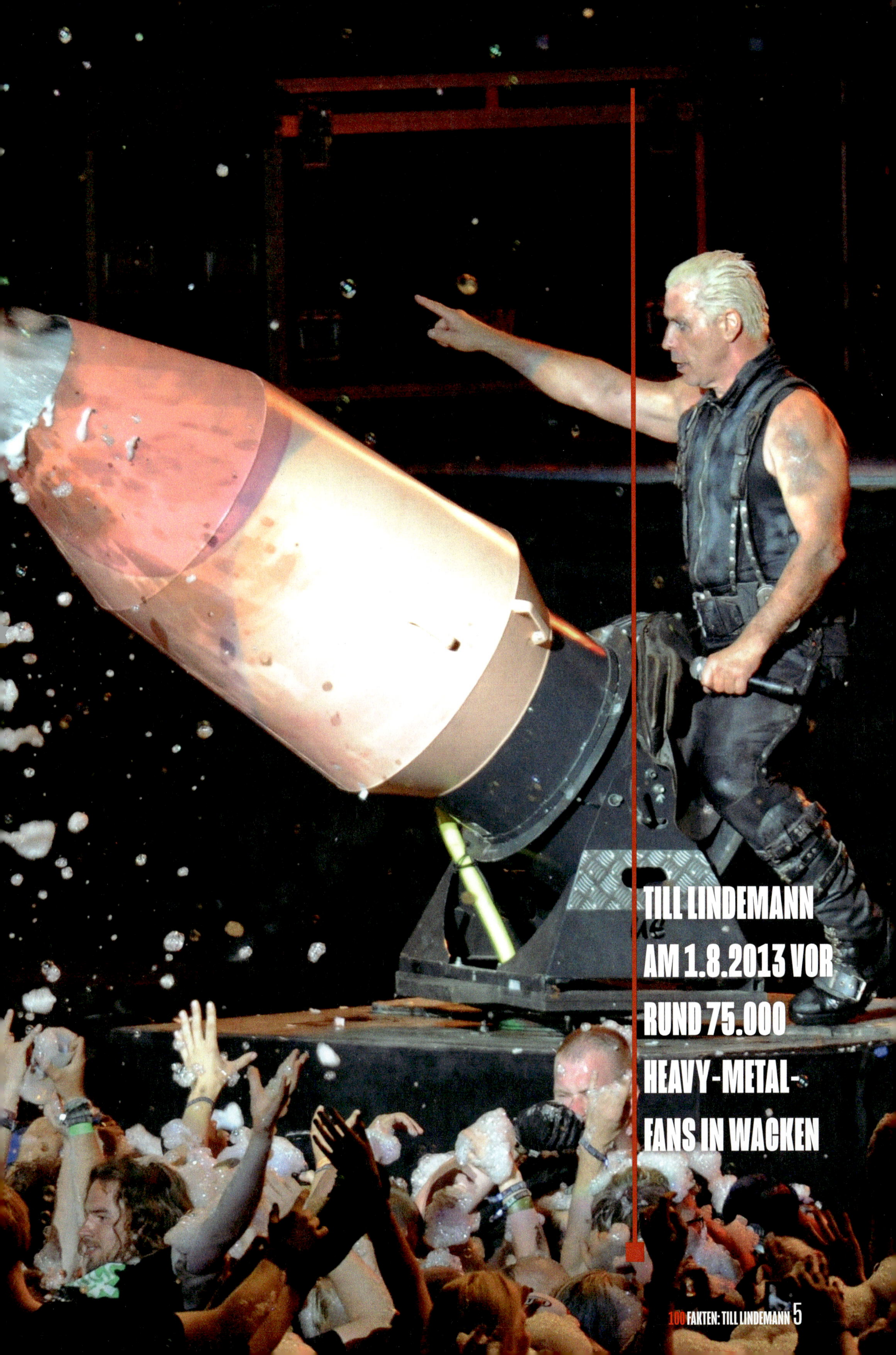

TILL LINDEMANN AM 1.8.2013 VOR RUND 75.000 HEAVY-METAL-FANS IN WACKEN

FAKT 3

AMUNDSEN, DER PINGUIN, TV-FILM VON 2003, V.L. LEA KURKA, HARALD KRASSNITZER, CLAUDE-OLIVER RUDOLF UND DER PINGUIN

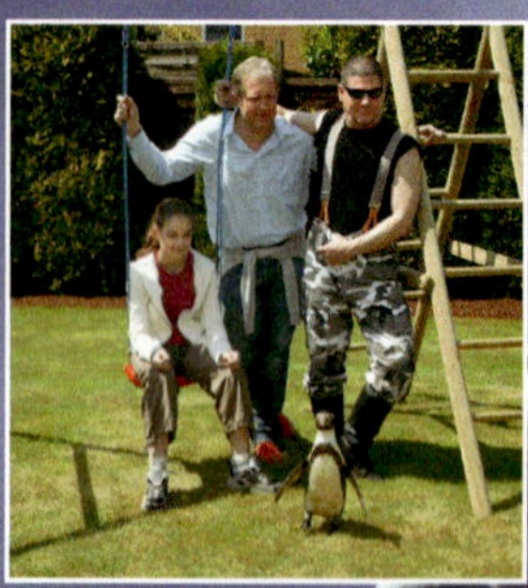

AMUNDSEN DER PINGUIN –

ist ein deutscher Kinderfilm von 2003, in dem Till Lindemann einen etwas einfältigen Bösewicht namens Victor spielt, der mit zwei Kumpanen den titelgebenden Pinguin entführen will: Ein Meeresbiologe hat seiner Tochter den Vogel von einer seiner Forschungsreisen mitgebracht und das Mädchen damit vor die Herausforderung gestellt, dem Tier mitten in der Zivilisation ein halbwegs erträgliches Dasein zu ermöglichen. Da der Pinguin aber der Schlüssel zu einem Piratenschatz ist, interessieren sich auch Halbwelttypen für ihn. Lindemann spielt seine Rolle mit viel Humor. In Beurteilungen des Films wird seine schauspielerische Leistung im Allgemeinen gelobt.

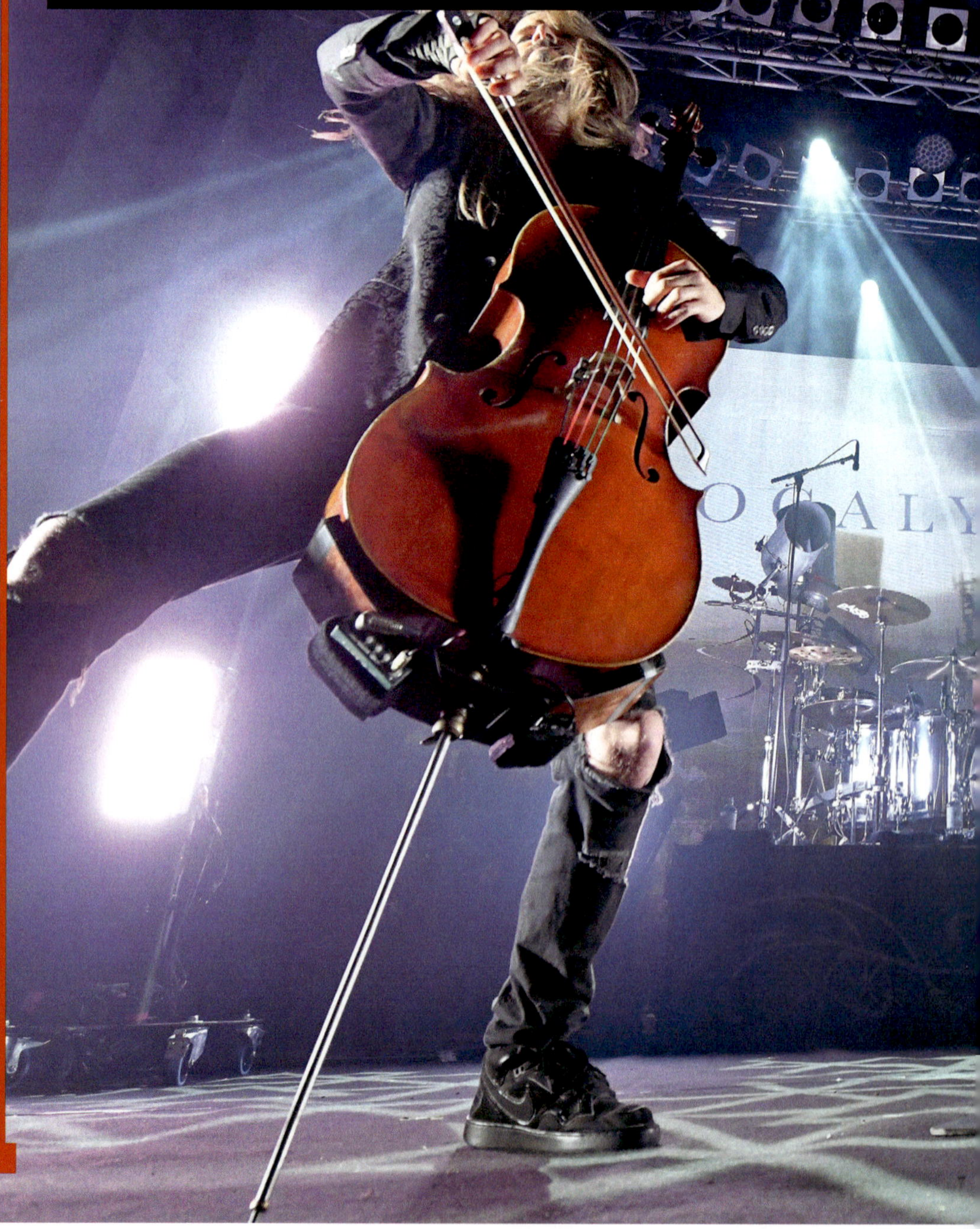

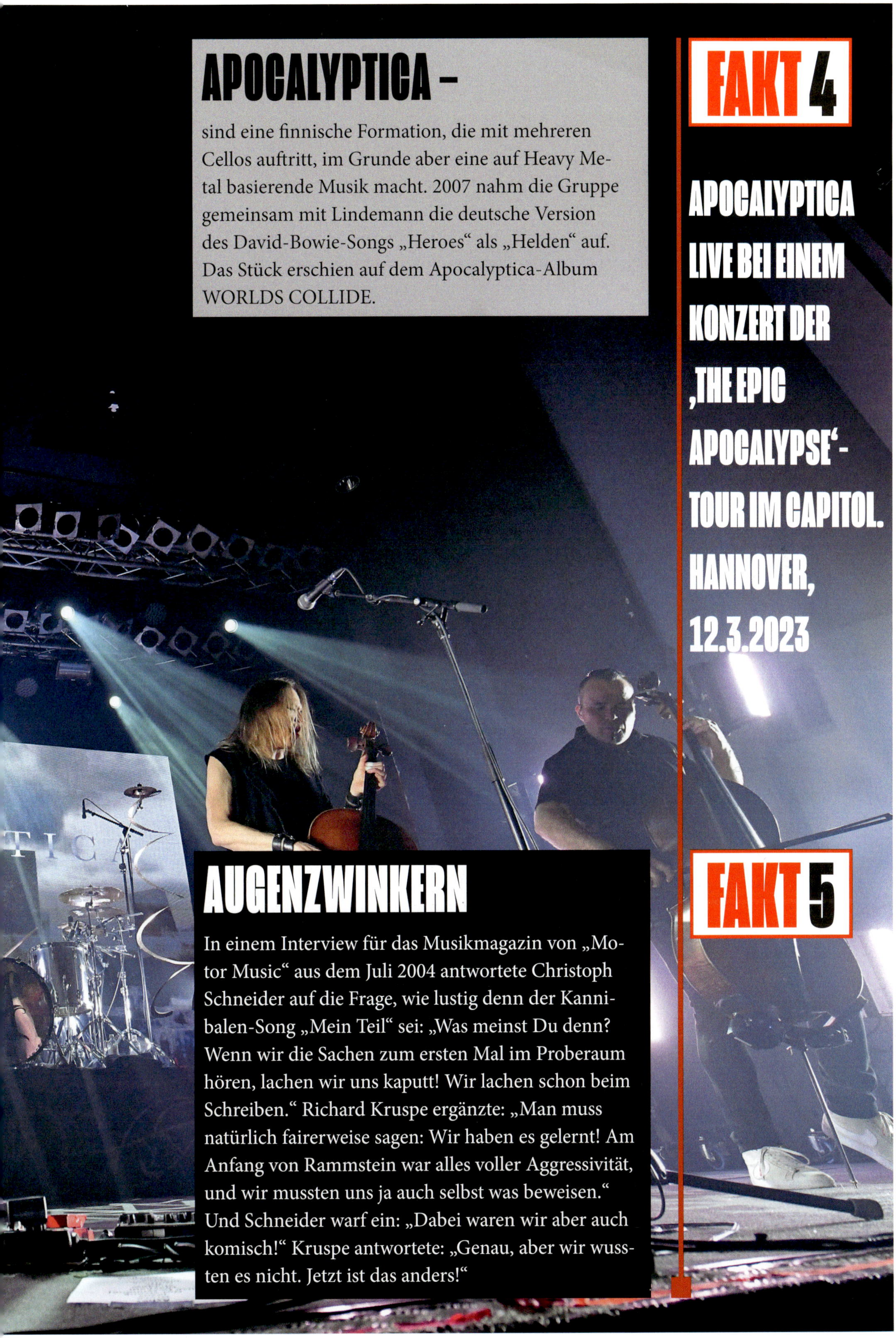

APOCALYPTICA –

sind eine finnische Formation, die mit mehreren Cellos auftritt, im Grunde aber eine auf Heavy Metal basierende Musik macht. 2007 nahm die Gruppe gemeinsam mit Lindemann die deutsche Version des David-Bowie-Songs „Heroes“ als „Helden“ auf. Das Stück erschien auf dem Apocalyptica-Album WORLDS COLLIDE.

FAKT 4

APOCALYPTICA LIVE BEI EINEM KONZERT DER ‚THE EPIC APOCALYPSE‘-TOUR IM CAPITOL. HANNOVER, 12.3.2023

FAKT 5

AUGENZWINKERN

In einem Interview für das Musikmagazin von „Motor Music“ aus dem Juli 2004 antwortete Christoph Schneider auf die Frage, wie lustig denn der Kannibalen-Song „Mein Teil“ sei: „Was meinst Du denn? Wenn wir die Sachen zum ersten Mal im Proberaum hören, lachen wir uns kaputt! Wir lachen schon beim Schreiben.“ Richard Kruspe ergänzte: „Man muss natürlich fairerweise sagen: Wir haben es gelernt! Am Anfang von Rammstein war alles voller Aggressivität, und wir mussten uns ja auch selbst was beweisen.“ Und Schneider warf ein: „Dabei waren wir aber auch komisch!“ Kruspe antwortete: „Genau, aber wir wussten es nicht. Jetzt ist das anders!“

FAKT 6

BANDKOLLEGEN –

sind Paul Landers (g), Richard Kruspe (g), Oliver Riedel (b), Christoph Schneider (dr), Christian „Flake“ Lorenz (key). Mit Richard Kruspe verbindet Lindemann eine enge Freundschaft. Sie spielten bereits in der DDR in der Schweriner Punk-Band First Arsch zusammen. Auch Paul Landers soll Lindemann zu seinen Freunden zählen. Landers hatte in den Anfangstagen einen großen Einfluss auf den Stil von Rammstein, soll Lindemann in seiner Art zu singen bestärkt haben. Vor allem in den Jahren 1995 bis 1998 war die vertraute Beziehung der beiden zueinander auch bei öffentlichen Auftritten zu sehen.

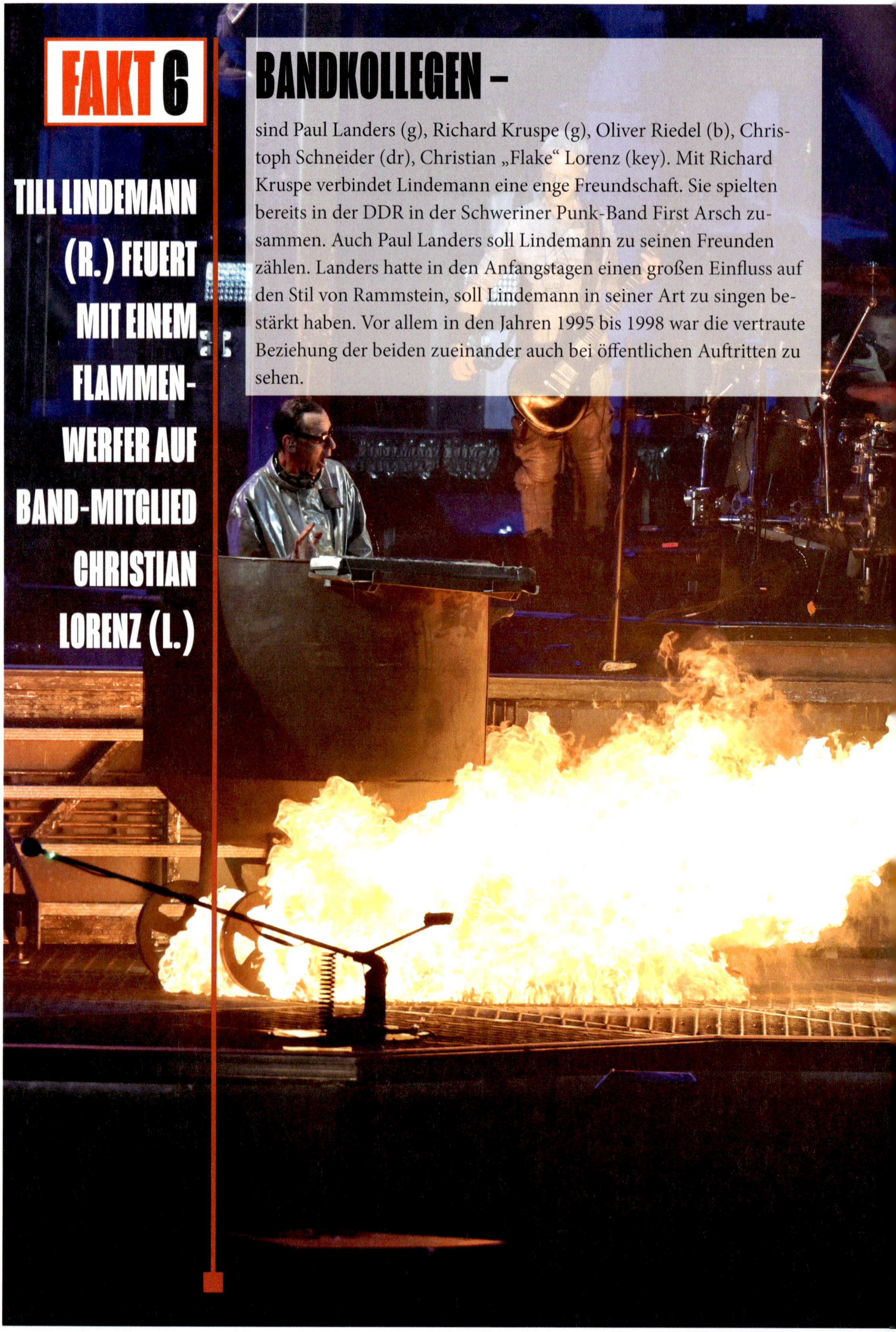

TILL LINDEMANN (R.) FEUERT MIT EINEM FLAMMEN-WERFER AUF BAND-MITGLIED CHRISTIAN LORENZ (L.)

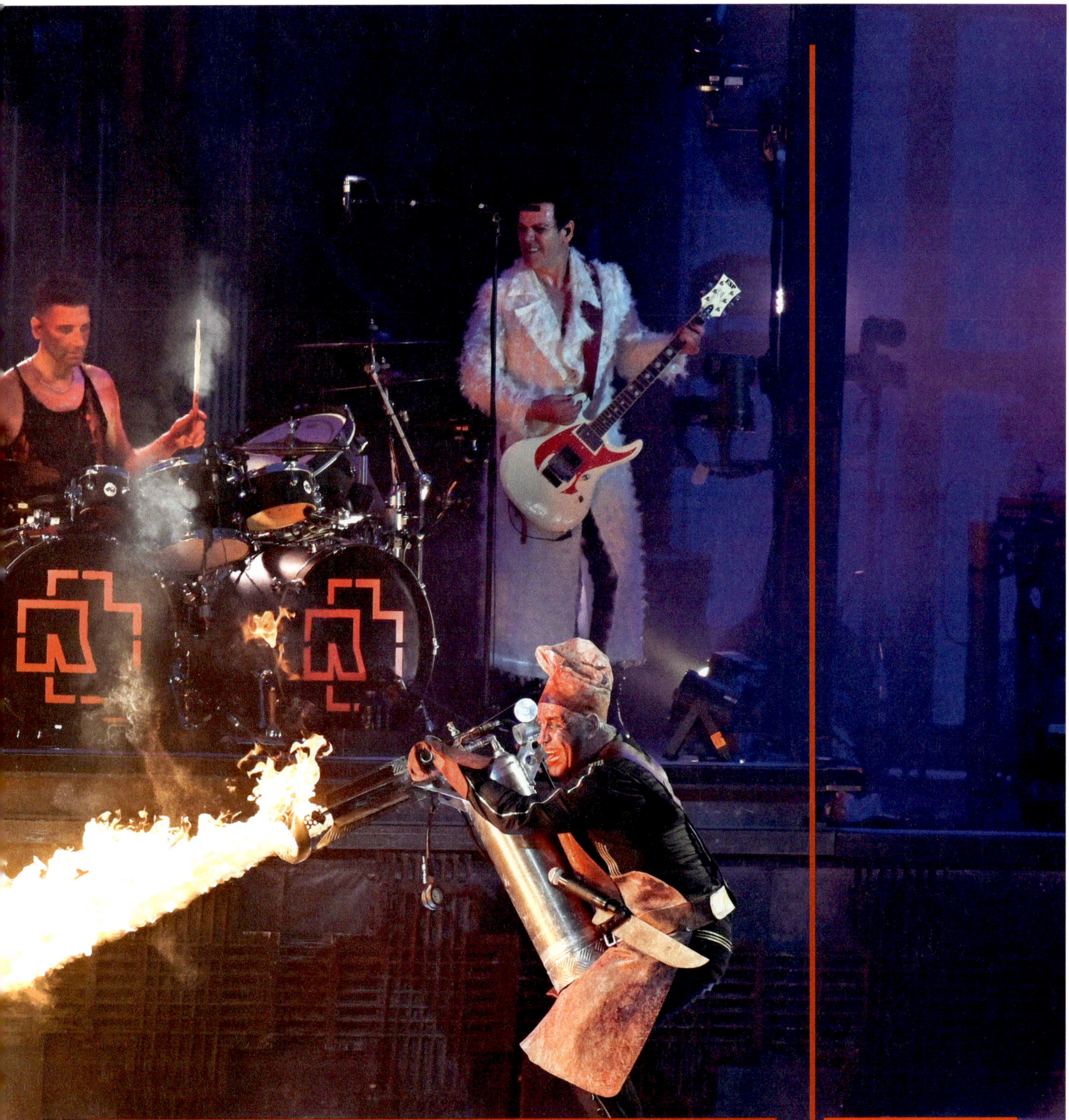

FAKT 7

BRIGITTE LINDEMANN

Lindemanns Mutter Brigitte, die sich kurz Gitte nennt und 1939 geboren wurde, arbeitete als Redakteurin bei verschiedenen Rundfunkprogrammen wie dem „Sender Neubrandenburg“ und der „Ferienwelle Rostock“. Sie war Mitveranstalterin der „Schweriner Kulturtage“. Und sie war als Leiterin der Kulturredaktion von „Radio Mecklenburg-Vorpommern“ des NDR 1 in Schwerin von 1992 bis 2002 tätig. Danach hörte sie auf zu arbeiten. Neben ihrer offiziellen Tätigkeit schrieb sie zusammen mit Werner Lindemann, Lindemanns Vater, noch zu DDR-Zeiten anno 1989 „Petermännchens Ausguck“, ein Lesebuch zur Geschichte und Kultur Mecklenburgs.

FAKT 8

LINDEMANNS BUCH „IN STILLEN NÄCHTEN“ IN RUSSISCHER ÜBERSETZUNG

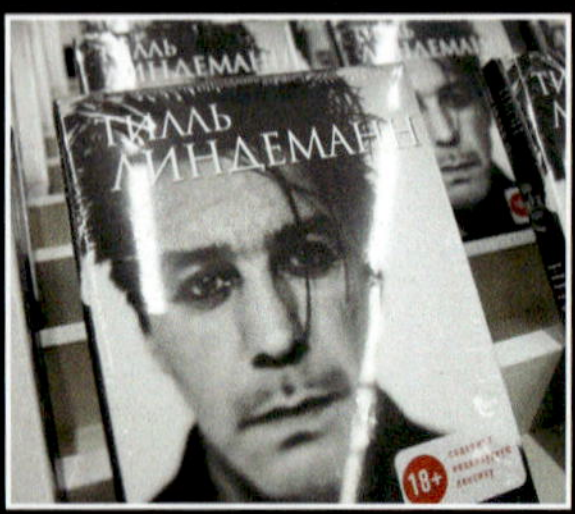

BUCH-AUTOR

Das Erscheinen des Lyrik-Debüts „Messer“ und der Text in „Das Unerfreuliche zuerst“ hatte Till Lindemann der eigenen Popularität, durch die seine Qualitäten als Dichter und Texter überhaupt erst öffentlich wahrgenommen wurden, zu verdanken. Aber er bekam dadurch noch weitere Möglichkeiten als Künstler, die er mit Genuss ergriff.

FAKT 9

CHARAKTERZÜGE

„Cicero“, das Magazin für „Politik und Kultur“, beschreibt Lindemann bereits im Herbst 2015 als „eigentlich Netten“, als „umgänglichen Papiertiger“, als „Posse statt als Bürgerschreck“. Allerdings gibt es Menschen, die das Schaffen von Lindemann für „verabscheuungswürdig“ halten. Wenn der schwedische Musiker Peter Tägtgren, der mit dem Rammstein-Vokalisten gemeinsame Projekte realisiert hat, Lindemann sieht, dann hat er „einen sensiblen Typen, der trotzdem Spaß haben will. Einen großartigen Dichter, der Gefühle auf den Punkt bringen kann wie kaum ein zweiter“ vor sich. Die Wahrheit über diese kontroverse Persönlichkeit liegt wohl wie stets dazwischen.

CHARTS –

FAKT 10

spielen für Till Lindemann auch außerhalb von Rammstein eine Rolle. Mit seinem Unternehmen Lindemann, das wahlweise als Band oder Projekt bezeichnet wird, veröffentlichte er bisher zwei Alben: SKILLS IN PILLS (2015) und F&M (2019). Beide Werke erreichten in Deutschland die Spitzenposition und wurden mit Gold ausgezeichnet (mindestens 75.000 verkaufte Einheiten). Da beide Alben mittlerweile über 100.000 liegen, ist damit zu rechnen, dass sie über kurz oder lang Platin einfahren (150.000 Verkäufe). In Österreich und in der Schweiz kamen beide Scheiben in die Top drei. SKILLS IN PILLS stieß in Großbritannien bis auf Rang 35 vor, in Schweden bis auf 27. F&M ging bei den Skandinaviern noch besser (#23). Das 2021 herausgebrachte Konzertdokument LIVE IN MOSCOW wurde in Deutschland bis auf Position zwei hinaufgekauft. Mit den Singles lief es bei Lindemann weniger gut. Von den zwischen 2015 und 2021 ins Rennen geschickten elf Songs machte sich 2019 lediglich „Steh auf" vom Album F&M mit einem Platz acht bemerkbar. Hier blieb die Nummer aber nur eine Woche.

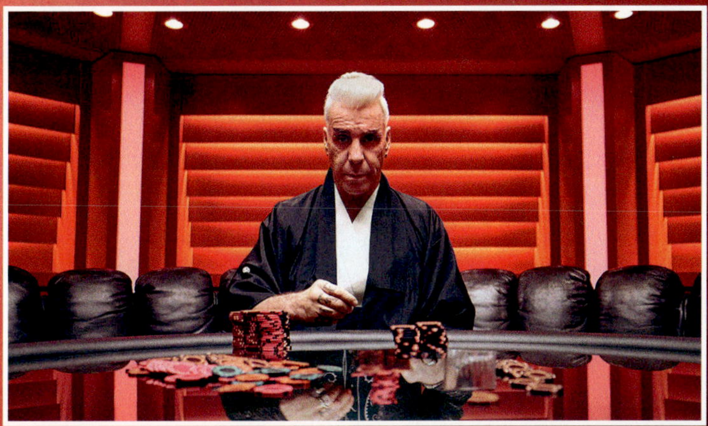

FAKT 11

TILL LINDEMANN BEI EINEM KONZERT IN MOSKAU AM 10.2.2012

CORONA –

wurde offenbar auch für Till Lindemann zum Problem. Das allerdings weniger in Form einer Infektion. Vielmehr wurde er im August 2021 in Moskau wegen eines Verstoßes gegen die russischen Corona-Maßnahmen kurzzeitig verhaftet. Grund war der geplante Auftritt auf dem „Maklarin for Homeland“-Festival in Twer am 29. August, einem Sonntag, 180 Kilometer nordwestlich von Moskau. In Russland waren allerdings zu jener Zeit Ansammlungen von über 500 Personen verboten. Das Festival sollte zum 50. Geburtstag des Geschäftsmannes Maxim Larin stattfinden. Kurzzeitig inhaftiert wurde auch der Lindemann-Manager Anar Reiband, der zwar als Tourist nach Russland eingereist war, von den Behörden aber als Mitveranstalter des Festivals ausgemacht wurde.

FAKT 12

DAVID GARRETT IN MACERATA

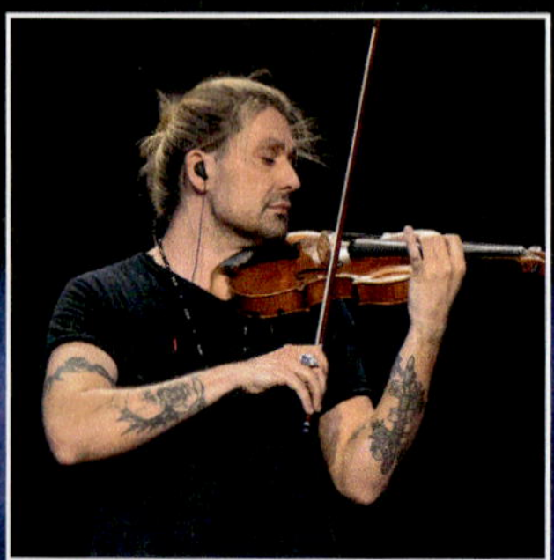

DAVID GARRETT

Unterschiedlicher hätten die Duett-Partner 2021 nicht ausfallen können: Ausgerechnet Brachial-Entertainer Lindemann und der softe Geigen-Virtuose David Garrett veröffentlichten eine gemeinsame Single samt Video. Es handelt sich dabei um ein Schlager-Cover aus den 1920ern namens „Alle Tage ist kein Sonntag“. Der Star-Violinist kam im Interview mit der Nachrichtenagentur „spot on news“ 2022 aus dem Schwärmen gar nicht heraus: „Ich muss sagen, das war wirklich eine der schönsten Erfahrungen, die ich je mit einem Künstler aus egal welcher Branche gemacht habe.“ Der fiedelnde Beau verriet im selben Gespräch auch, dass er mit Lindemann seit Jahren eng befreundet sei und einen ähnlichen Musikgeschmack habe.

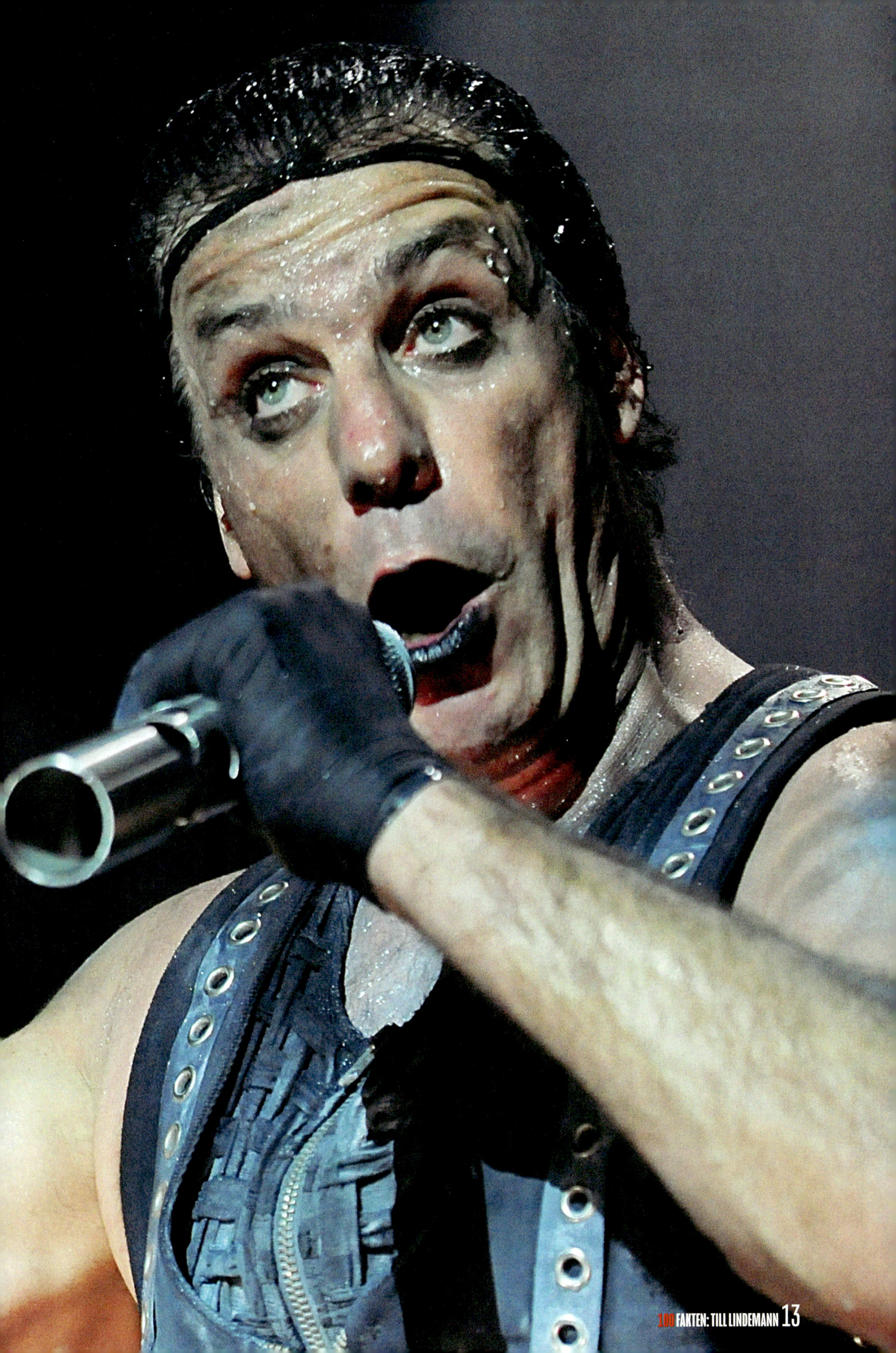

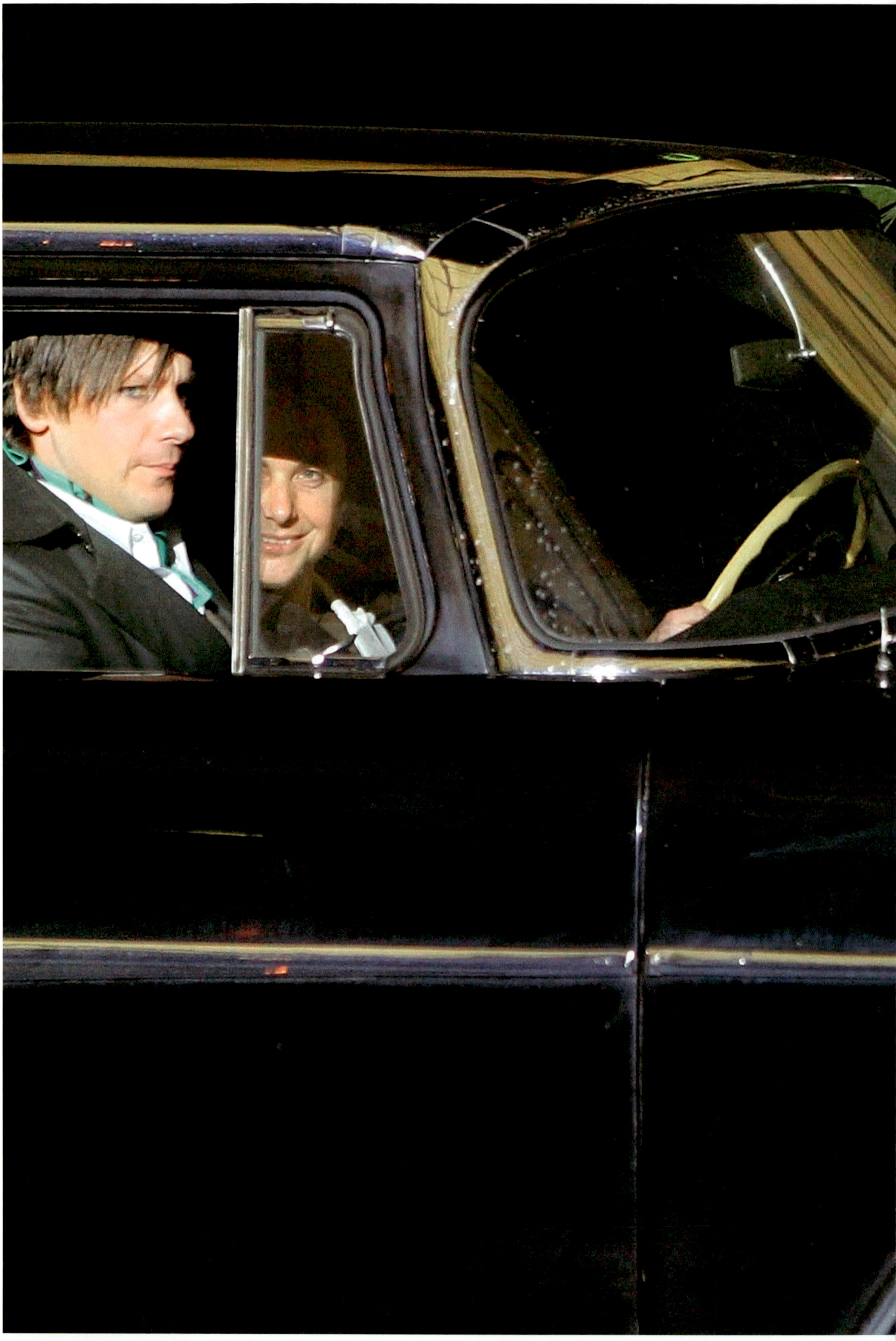

DDR –

ist zuallererst das Land, in dem Till Lindemann aufwuchs, wo er zum Leistungssportler ausgebildet wurde, seine erste Liebe und die erste Ehe erlebte, und wo er als Musiker in einer Punk-Band mit dem System auf Konfrontationskurs ging. Allerdings ist der Sänger noch nie durch pauschale DDR-Schelte aufgefallen. Andersherum wurde bisher ein Schuh draus: Als Lindemann versuchte, seine differenzierte Sicht auf gesellschaftliche Erscheinungen zu richten, wurde er medial an die Wand geklatscht. Geschehen ist das im Januar 2023, als folgende Aussage die Runde machte: „In der DDR hatten wir nur wenig, aber es gab ein Gefühl der Solidarität, das ich heute vermisse. Heute stecken wir bis zum Hals in Konsum, Egoismus und Individualismus.“ Ein sogenannter Historiker bezeichnete Lindemann für die Aussage als Honk. Das war zwar nicht nett, wurde von einer Vielzahl von Nutzern sozialer Online-Plattformen allerdings noch getoppt. Der Rammstein-Sänger beteiligte sich nicht an der Debatte.

FAKT 13

BERLIN AM 16.12.2005 RAMMSTEIN FAHREN IN EINEM OLDTIMER MIT DDR-FAHNEN ZUR PREISVERLEIHUNG DES „RAMMSTEIN MUSIC AWARD“

FAKT 14

DEUTSCH-DEMOKRATISCHE-SOZIALISIERUNG

Sänger Till Lindemann führte die Art, wie Rammstein oft und gerne an Grenzen stoßen, auf die ersten Erfahrungen der sechs Gruppenmitglieder in DDR-Bands zurück, die manchmal vor einer Handvoll Leute spielen mussten. Er sagte in einem Interview mit dem Nachrichtenmagazin Stern in der Ausgabe 14/2001: „Was willst du machen, um dich durchzusetzen, um vor mehr als zehn Leuten zu spielen? Du fängst an, provokante Mittel zu benutzen und extrem zu sein. Da waren wir als Ostdeutsche sicherlich mutiger. Es fing damit an, dass wir diese Art von harter Musik auf Deutsch gesungen haben. Und dann hat sich auch etwas entladen, was sich in unserer DDR-Jugend angestaut hatte, da haben wir uns abreagiert. Endlich durften wir alles sagen, alles machen. Im Grunde war das doch ganz einfach: Guck rein in deinen Bauch, guck rein in deine Seele, und fang an, Musik zu machen.“

FAKT 15

DEUTSCH-AMERIKANISCHE FREUNDSCHAFT –

war eine Elektro/Punk/Avantgarde-Band aus Düsseldorf, die mit ihrem martialischen Auftreten Ende der 70er und Anfang der 80er-Jahre für Aufsehen sorgte. Aus der linken Punk-Szene hervorgegangen, spielte das Duo mit totalitären Stilmitteln, lichtete sich in Uniformen ab. Es wurde ein musikalischer Minimalismus zelebriert, der sich auch in den mit Schlagworten untersetzten Texten niederschlug. Häufig wurde der Imperativ verwendet. Medienkritik, mit Attitüden des Dritten Reichs zu spielen bzw. sich rechten Gruppierungen anzudienen, straften DAF meist mit Ignoranz. Zu ihren bekanntesten Nummern gehörten provokante Stücke wie „Der Mussolini", „Ein bisschen Krieg" oder „Kebab Träume". Besonders in Bezug auf die Texte dürfte sich Lindemann einige Stilmittel bei DAF abgeschaut haben. Auch die Methode, sich den Medien nicht bei jeder Unterstellung gleich zu erklären, machte sich Lindemann zu eigen.

GABI DELGADO-LOPEZ VON DAF AUF DEM M'ERA LUNA FESTIVAL 2017 IN HILDESHEIM

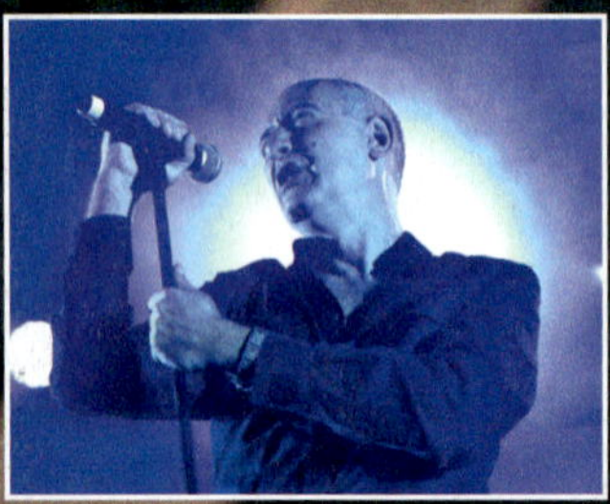

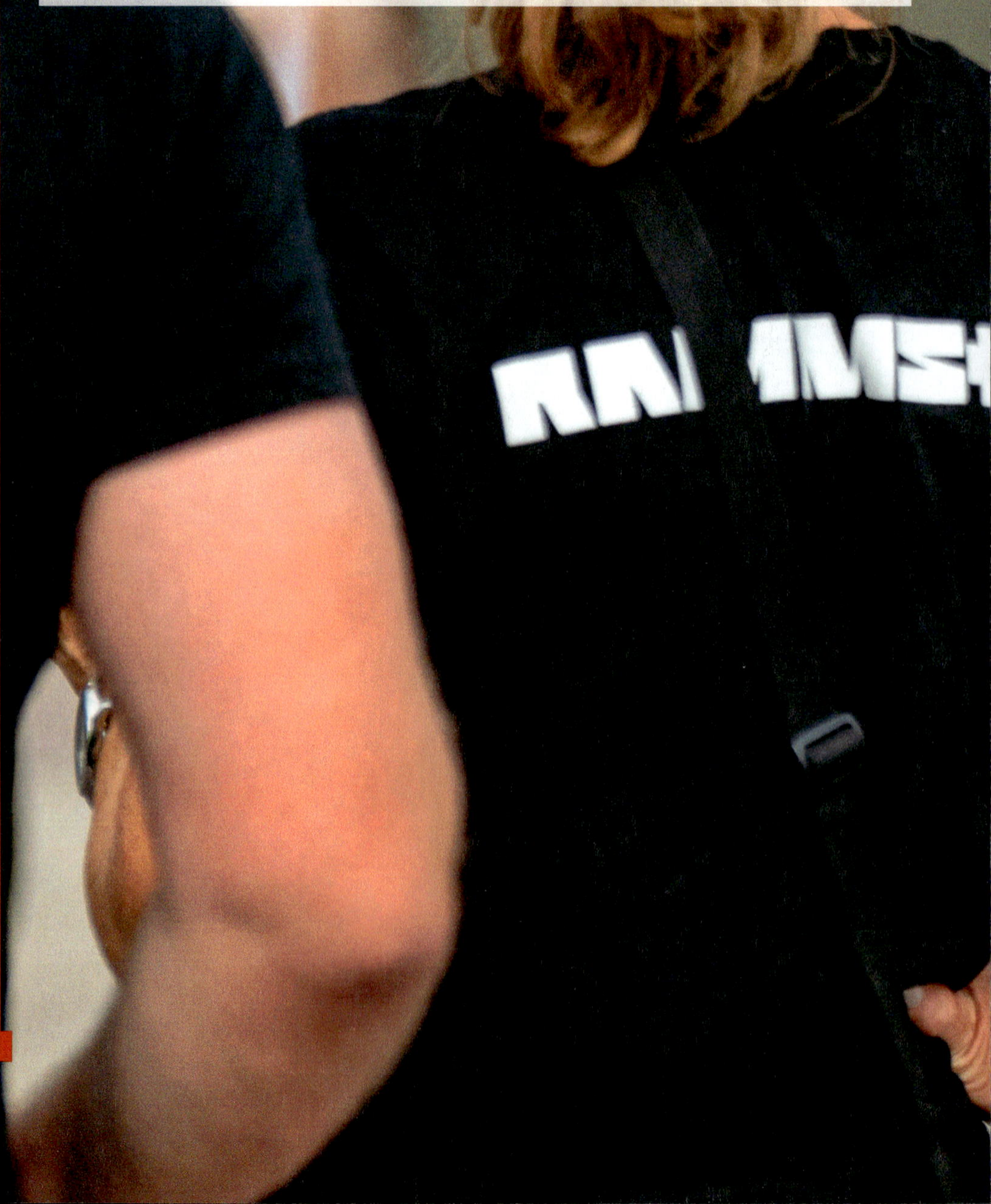

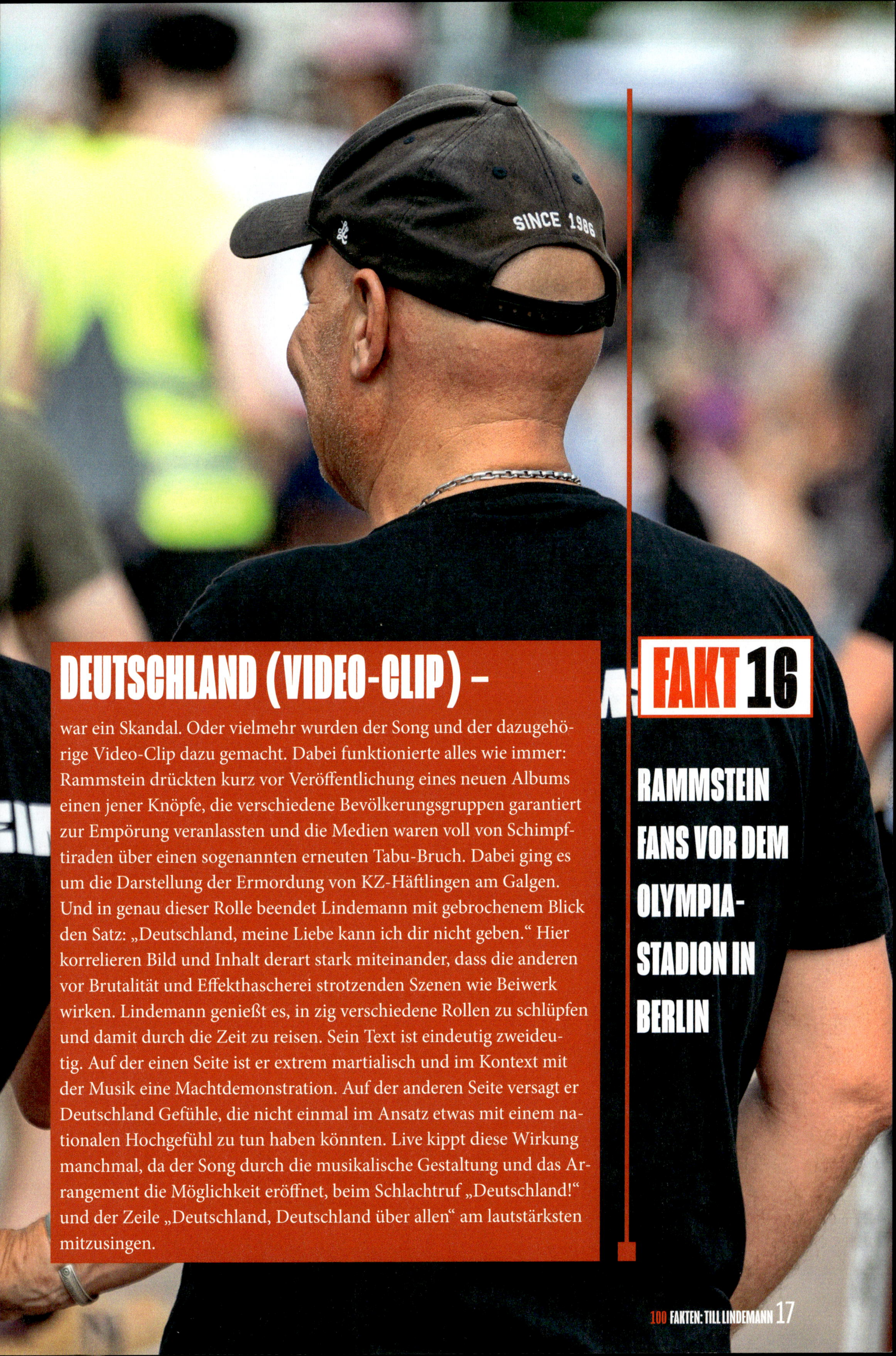

DEUTSCHLAND (VIDEO-CLIP) –

war ein Skandal. Oder vielmehr wurden der Song und der dazugehörige Video-Clip dazu gemacht. Dabei funktionierte alles wie immer: Rammstein drückten kurz vor Veröffentlichung eines neuen Albums einen jener Knöpfe, die verschiedene Bevölkerungsgruppen garantiert zur Empörung veranlassten und die Medien waren voll von Schimpftiraden über einen sogenannten erneuten Tabu-Bruch. Dabei ging es um die Darstellung der Ermordung von KZ-Häftlingen am Galgen. Und in genau dieser Rolle beendet Lindemann mit gebrochenem Blick den Satz: „Deutschland, meine Liebe kann ich dir nicht geben." Hier korrelieren Bild und Inhalt derart stark miteinander, dass die anderen vor Brutalität und Effekthascherei strotzenden Szenen wie Beiwerk wirken. Lindemann genießt es, in zig verschiedene Rollen zu schlüpfen und damit durch die Zeit zu reisen. Sein Text ist eindeutig zweideutig. Auf der einen Seite ist er extrem martialisch und im Kontext mit der Musik eine Machtdemonstration. Auf der anderen Seite versagt er Deutschland Gefühle, die nicht einmal im Ansatz etwas mit einem nationalen Hochgefühl zu tun haben könnten. Live kippt diese Wirkung manchmal, da der Song durch die musikalische Gestaltung und das Arrangement die Möglichkeit eröffnet, beim Schlachtruf „Deutschland!" und der Zeile „Deutschland, Deutschland über allen" am lautstärksten mitzusingen.

FAKT 16

RAMMSTEIN FANS VOR DEM OLYMPIA-STADION IN BERLIN

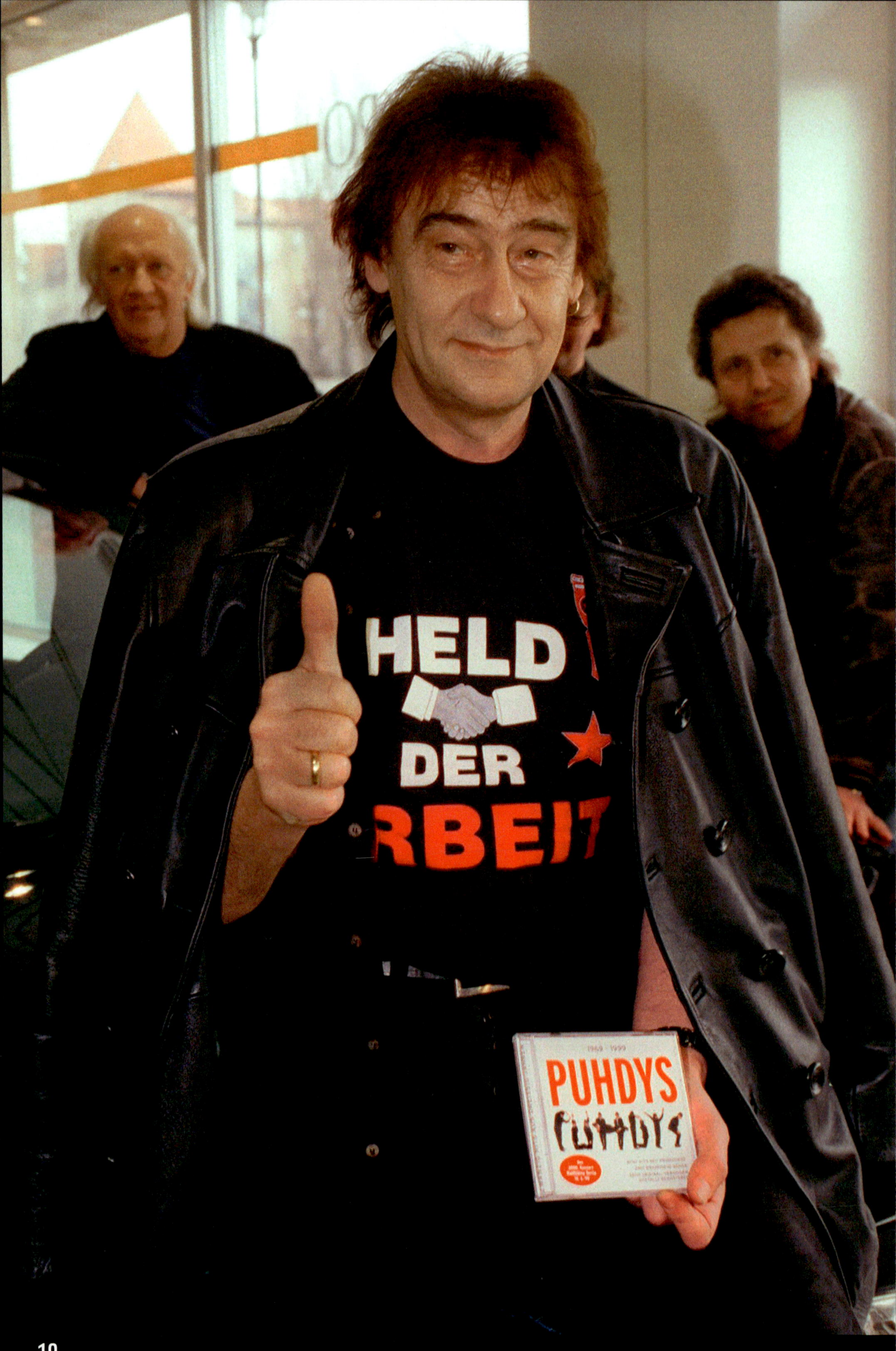
HELD
DER
RBEIT
PUHDYS

DIETER „MASCHINE" BIRR –

ist der Sänger der ostdeutschen Rock-Band Puhdys, die zu den erfolgreichsten Musik-Acts der DDR gehörten und über die Staatsgrenzen hinaus damals auch die Bekanntesten gewesen sein dürften. Von den frühen Jahren an immer einer etwas härteren Gangart verpflichtet, kokettierten die Puhdys auf einigen Alben auch mit dem Heavy Metal, was auf ihrer LP WILDER FRIEDEN von 1999 besonders deutlich wurde. Dieter Birr hatte als Hommage an die ostdeutschen Industrial-Rocker mit „Wut will nicht sterben" einen Song im Rammstein-Stil geschrieben, den er gern mit Lindemann gemeinsam singen wollte. Christian „Flake" Lorenz stellte den Kontakt her, Lindemann und Maschine trafen sich zum Essen und der Rammstein-Frontmann sagte zu. Einzige Bedingung: Der Song sollte ihm gefallen. Und das tat er. Das Studio verließ Lindemann noch mit der Bitte, die Nummer bei der Werbung für die LP nicht in den Vordergrund zu stellen, da seine Beteiligung mit der Plattenfirma Motor Music nicht abgesprochen worden war. BMG machte allerdings das Gegenteil, brachte den Song als Single heraus und hatte Motor Music auf der Matte. Die Single musste eingestampft, die LP mit einer Lindemann-losen Version noch einmal veröffentlicht werden.

FAKT 17

LEADSÄNGER DIETER BIRR VON DEN „PUHDYS" AM 8.3.1999 IN BERLIN – IM T-SHIRT MIT DER AUFSCHRIFT „HELD DER ARBEIT"

DOCTOR DICK –

ist Lindemanns Online-Shop, in dem er wirklich skurrile Sachen anbietet. Dazu gehören unter anderem Vibratoren, Dildos, ein mit Blattgold versetzter Sekt namens „Golden Shower", ein erigierter Penis für die Wand mit aufgesetzter Nickelbrille oder ein an Lindemann angelehntes Räuchermännchen.

FAKT 18

FAKT 19

ERSTES KONZERT

Als Sänger von Rammstein stand Lindemann zum ersten Mal im „naTo"-Klub, einem alternativen Kulturzentrum, in Leipzig am 24. März 1994 auf der Bühne. In Berlin wollten Rammstein auf keinen Fall ihre Premiere feiern, weil sie weder auf Familienmitglieder noch Musikerkollegen im Publikum scharf waren. Lindemann soll geradezu Ängste ausgestanden haben. Und damit ihm im Publikum niemand ansah, dass er die Hosen voll hatte, setzte er sich eine Schweißerbrille auf. Es geht die Mär, dass lediglich 15 Leute kamen. Das ist aber vermutlich nicht richtig, denn da Rammstein als Vorband agierten, dürften sich durchaus mehr Fans eingefunden haben – allerdings die der anderen Gruppe. Rammstein sollen nicht einmal angekündigt gewesen sein. Das Publikum ging nicht, pfiff nicht, klatschte nicht – sondern starrte den gesamten Auftritt über nur fassungslos auf die Bühne. Nach dem Gig war Lindemann erleichtert und wie die anderen froh, dass niemand den Saal verlassen hatte.

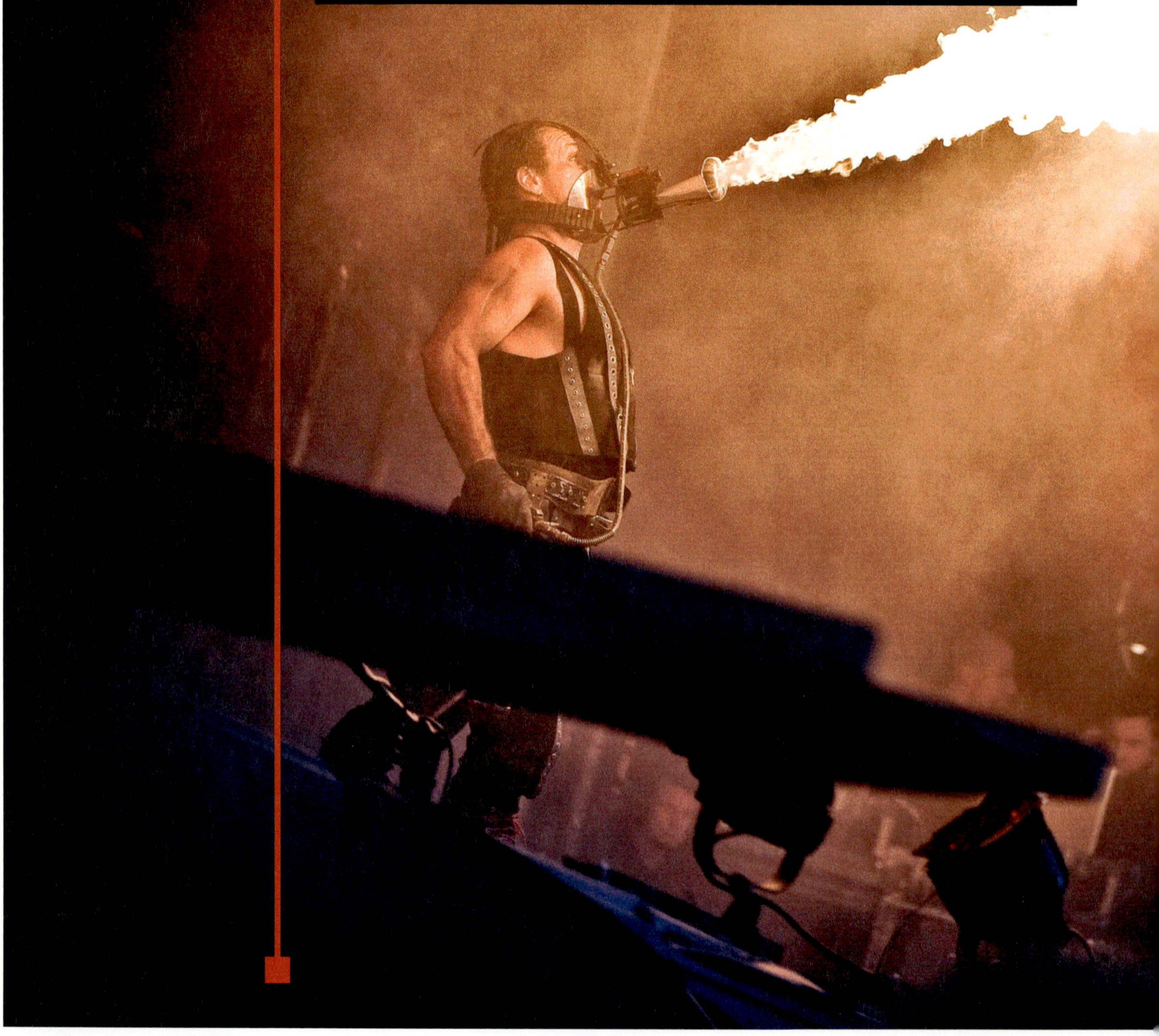

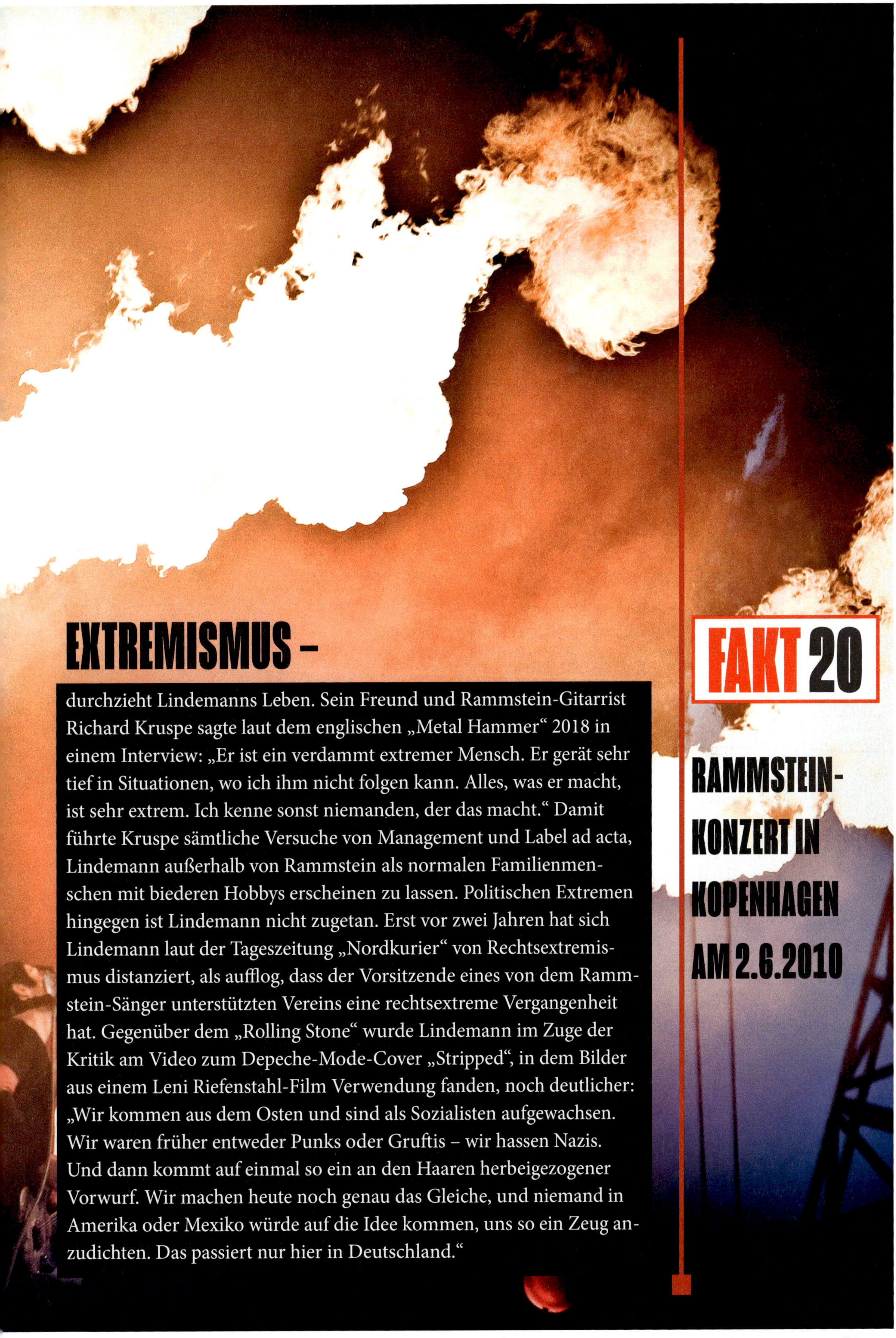

FAKT 20

RAMMSTEIN-KONZERT IN KOPENHAGEN AM 2.6.2010

EXTREMISMUS –

durchzieht Lindemanns Leben. Sein Freund und Rammstein-Gitarrist Richard Kruspe sagte laut dem englischen „Metal Hammer“ 2018 in einem Interview: „Er ist ein verdammt extremer Mensch. Er gerät sehr tief in Situationen, wo ich ihm nicht folgen kann. Alles, was er macht, ist sehr extrem. Ich kenne sonst niemanden, der das macht.“ Damit führte Kruspe sämtliche Versuche von Management und Label ad acta, Lindemann außerhalb von Rammstein als normalen Familienmenschen mit biederen Hobbys erscheinen zu lassen. Politischen Extremen hingegen ist Lindemann nicht zugetan. Erst vor zwei Jahren hat sich Lindemann laut der Tageszeitung „Nordkurier“ von Rechtsextremismus distanziert, als aufflog, dass der Vorsitzende eines von dem Rammstein-Sänger unterstützten Vereins eine rechtsextreme Vergangenheit hat. Gegenüber dem „Rolling Stone“ wurde Lindemann im Zuge der Kritik am Video zum Depeche-Mode-Cover „Stripped“, in dem Bilder aus einem Leni Riefenstahl-Film Verwendung fanden, noch deutlicher: „Wir kommen aus dem Osten und sind als Sozialisten aufgewachsen. Wir waren früher entweder Punks oder Gruftis – wir hassen Nazis. Und dann kommt auf einmal so ein an den Haaren herbeigezogener Vorwurf. Wir machen heute noch genau das Gleiche, und niemand in Amerika oder Mexiko würde auf die Idee kommen, uns so ein Zeug anzudichten. Das passiert nur hier in Deutschland.“

FAKT 21

10.4.1985, BERLIN, DDR - PUNKER VOR DER NEUEN WACHE, OST-BERLIN

FEELING B

Trotz aller staatlicher Repressalien ging die Punkszene der DDR nicht unter. Deshalb ist es kein Wunder, dass in dieser Underground-Kultur sechs Musiker ihre Karriere starteten und ihre ersten Banderfahrungen machten, die ihre musikalischen Vorstellungen verwirklichen wollten und später als Rammstein international populär wurden. Dazu gehört Christian Lorenz – Spitzname Flake.

Auf einem Schulkonzert hatte er Alexander Kriening kennen gelernt, der in einer Band namens Feeling Berlin Schlagzeug spielte und der ihn dem charismatischen 35-jährigen Sänger und Lebenskünstler Alexander „Aljoscha" Rompe vorstellte, dem Kopf der Gruppe. Flake, der schon Erfahrungen in Rhythm & Blues-Kombos gesammelt hatte, wollte endlich mal musikalisch etwas anderes probieren und stieg als Keyboarder ein. Er lernte bei einer Probe den 18-Jährigen Paul Hirsche kennen, der sich später Paul Landers nannte. Paul spielte bereits als Gitarrist in der Punk-Combo Die Firma, ließ sich aber ebenfalls von Alexander Kriening zum Einstieg bei Feeling Berlin überreden und bediente beide Formationen parallel. Flake und Paul stiegen beide in die Band ein. Beim Namen Feeling Berlin wollten sie allerdings nicht bleiben, denn eine uralte verstaubte Tanzkapelle nannte sich ebenfalls so. Also wurde der Gruppenname zu Feeling B verkürzt.

Die musikalische Richtung war ihnen völlig unklar, nur, dass es schnell, intensiv und rockig klingen sollte, wussten sie. Sie spielten einfach drauflos und wollten sehen, was daraus wurde. Die Musik der Gruppe war zunächst wie bei vielen Punkbands dilettantisch, schräg, aber immer lustig und vor allem laut. Dabei kristallisierte sich allmählich eine Art Fun-Punk heraus, der Feeling B schnell in die einschlägigen Punk-Kneipen und -Clubs trug.

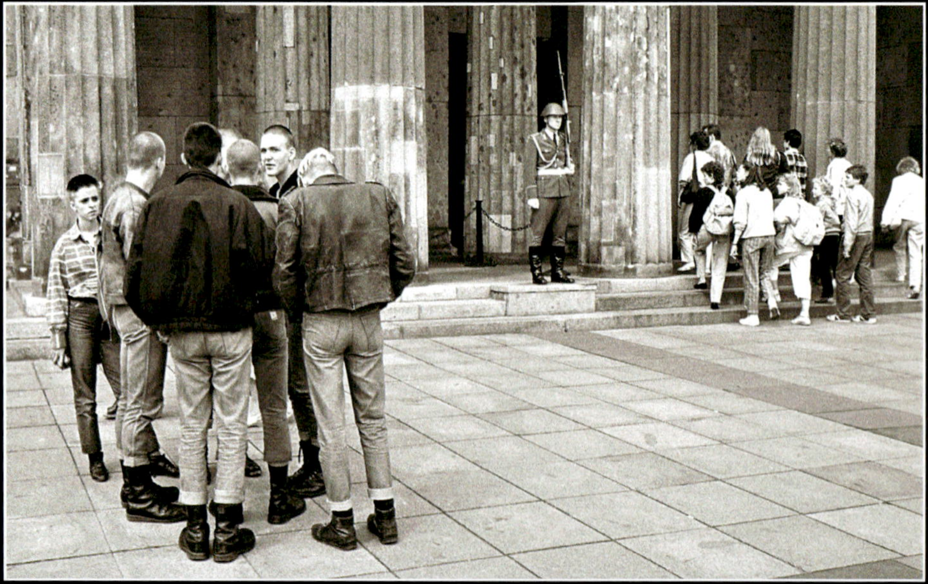

Till Lindemann, der spätere Rammstein-Sänger, lebte damals in einer Schilfkate in einem idyllischen Vogelschutzgebiet am Nordufer des Schweriner Sees in der Nähe des Örtchens Hohen Viecheln. Das liegt rund 15 Kilometer südlich von Wismar entfernt und hat etwa 700 Einwohner. Dort, im Norden Mecklenburg-Vorpommerns, verknüpften sich die Wege der zukünftigen Rammstein-Mitglieder, als Paul und Flake mit Feeling B in Hohen Viecheln ein kleines ländliches Open-Air-Festival initiierten und als Hauptband Auftritte absolvierten, die für die Film-Dokumentation „flüstern & SCHREIEN" verwendet werden sollten. Der Hausherr war Lindemann, der auch anwesend war und die Jungs in ihrem Chaos gewähren ließ.
Nach der feucht-fröhlichen Nacht besuchten sie das Häuschen, das Lindemann sich zur Hälfte mit einer alten Dame teilte, immer wieder und freundeten sich mit dem zukünftigen Rammstein-Frontmann an. Flake berichtet in der Feeling B-Biographie „Mix mir einen Drink", wie beeindruckt sie von dem damaligen First Arsch-Drummer waren: „Till sah gut aus, eben so ein großer Bauer, der einen Satz in der Stunde spricht. So was hat uns beeindruckt. Es war immer Schnaps und Essen da. Er hat einfach irgendwo zwei Enten geklaut und auf einem Kuchenblech gebacken."

Über Till lernten Paul und Flake noch ein weiteres späteres Rammstein-Mitglied kennen: Richard Kruspe. Der Kontakt zwischen den nun schon vier späteren Rammstein-Musikern – Till, Paul, Flake und Richard – intensivierte sich. Sie standen ständig in Kontakt. 1988 stieg Drummer Christoph Schneider in die Band ein. 1990 komplettierte Bassist Oliver Riedel das Sextett. Es ging los mit Feeling B.

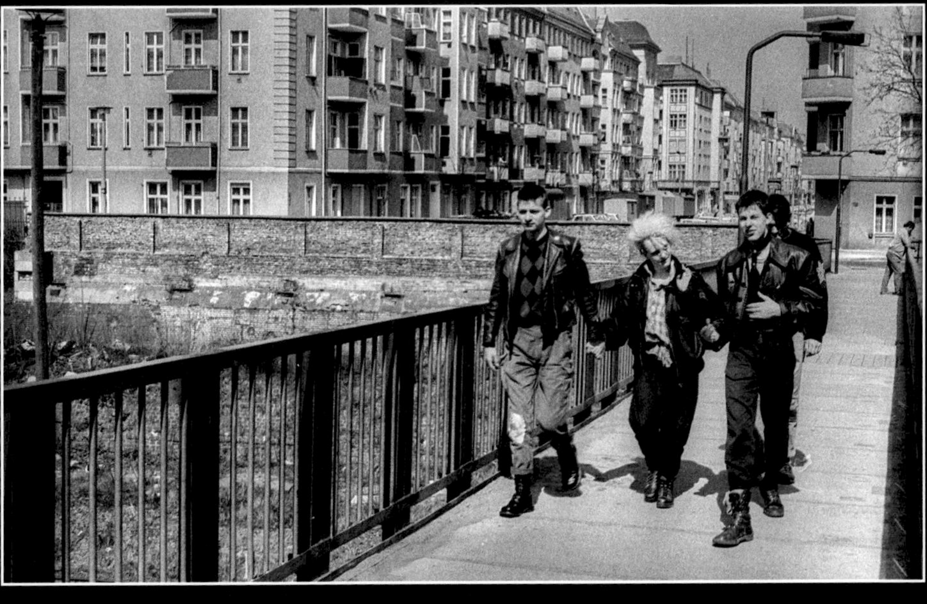

DDR, BERLIN, 16. 4. 1988, PUNKS AUF DER S-BAHN-FUSS-GÄNGERBRÜCKE SONNENBURGER STRASSE

FAKT 22

FEUER-AFFINITÄT

Nicht umsonst nennt sich einer der frühen Rammstein-Hits „Feuer frei!“. Zwar handelt es sich dabei vordergründig um einen Song mit politisch-militärischer Aussage. Tatsächlich wird einmal mehr nachdrücklich unter Beweis gestellt, dass es sich bei Lindemann um einen Feuerteufel handelt, der liebend gerne in Texten wie bei den pyromanischen Shows mit dem „heißen Element“ kokettiert. Lindemann scheint sich gerne in vielerlei Hinsicht zu verbrennen. Auch gelegentlich, was seine Beziehungen zu Frauen betrifft.

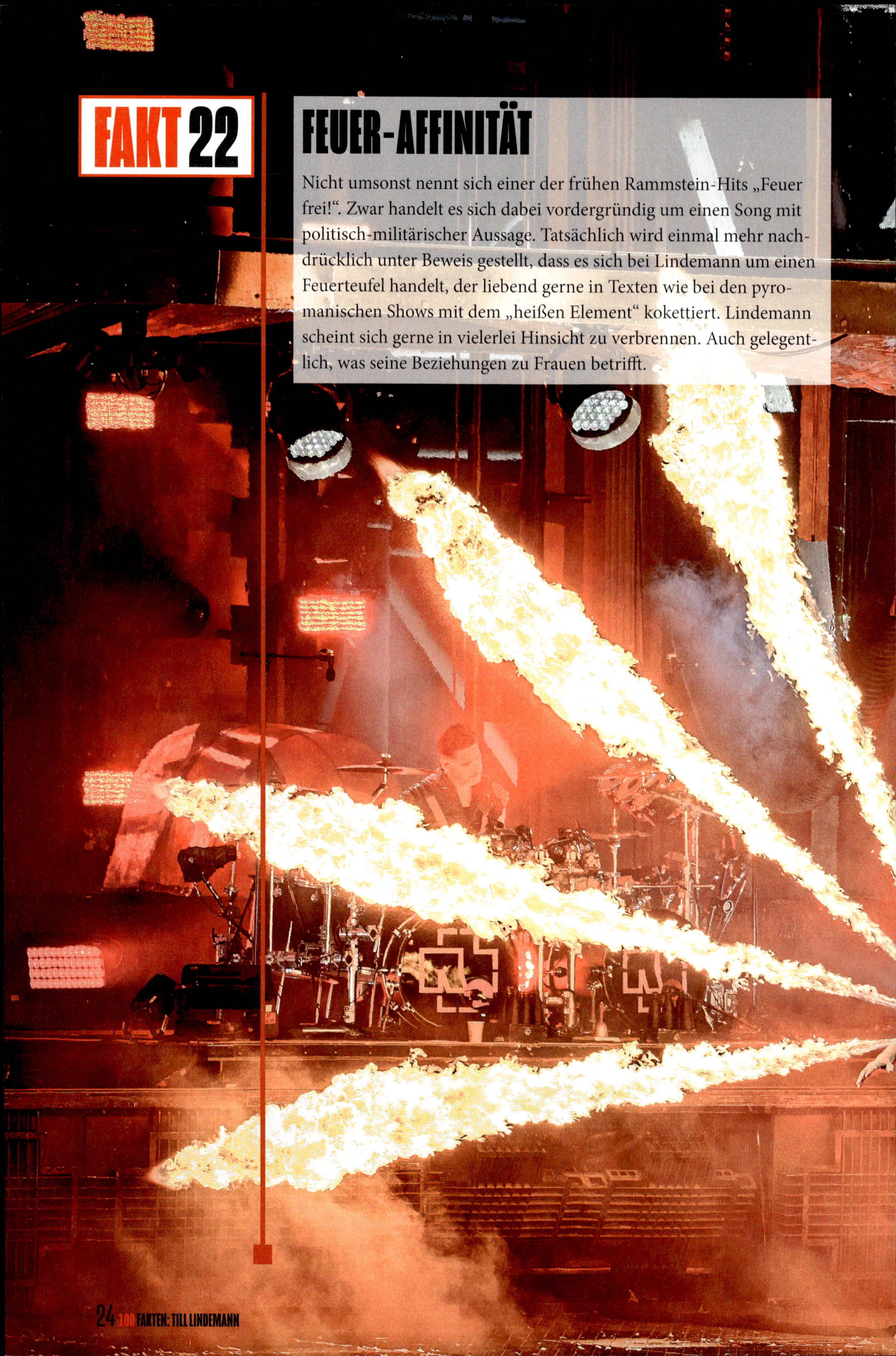

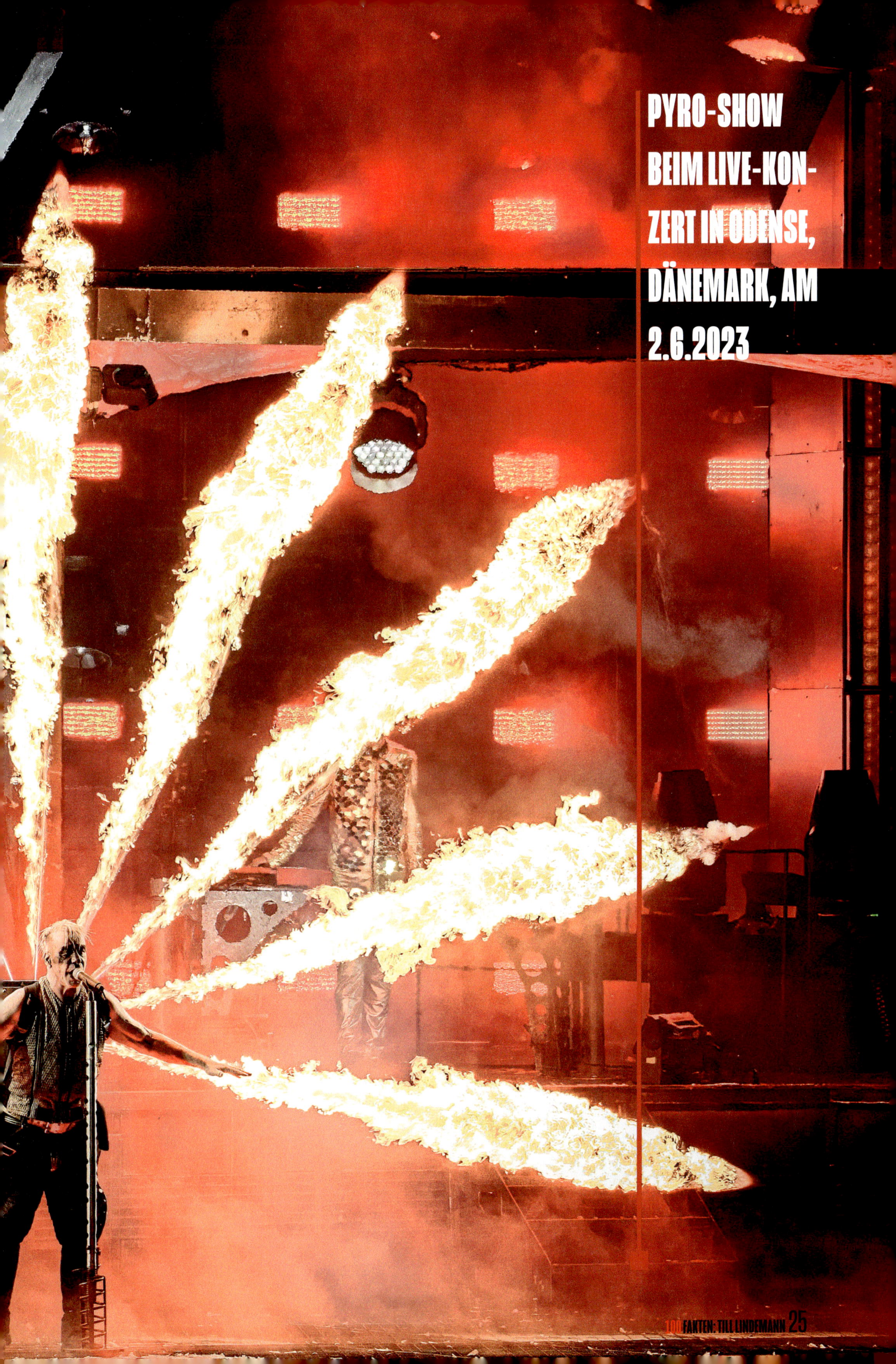

PYRO-SHOW BEIM LIVE-KONZERT IN ODENSE, DÄNEMARK, AM 2.6.2023

FAKT 23

FIRST ARSCH –

war die erste echte Band, in der Lindemann musizierte. Nach Eigendarstellung soll die Gruppe zu Lindemanns 23. Geburtstag am 4. Januar 1986 gegründet worden sein. Damals lebte der gebürtige Leipziger in einem Haus am Schweriner See. Die Gruppe tobte sich im Schweriner Underground aus und funktionierte als loser Haufen. Nach der Wende spielten kurzzeitig Paul Landers und Richard Kruspe bei First Arsch. In dieser Besetzung entstand auch die einzige selbstproduzierte Platte, die 1991 beim Lübecker Independent-Label Devil Dance Records herauskam. Auf SADDLE UP gingen die vier Musiker – Jörg Mielke am Bass machte das Quartett komplett – ziemlich heftig zu Werke. Hardcore Punk, Alternative und Noise bestimmten den Charakter der Platte. Erste Eindrücke von Lindemanns Gesangsstil bekommt man unter anderem in dem Song „Crowded House".

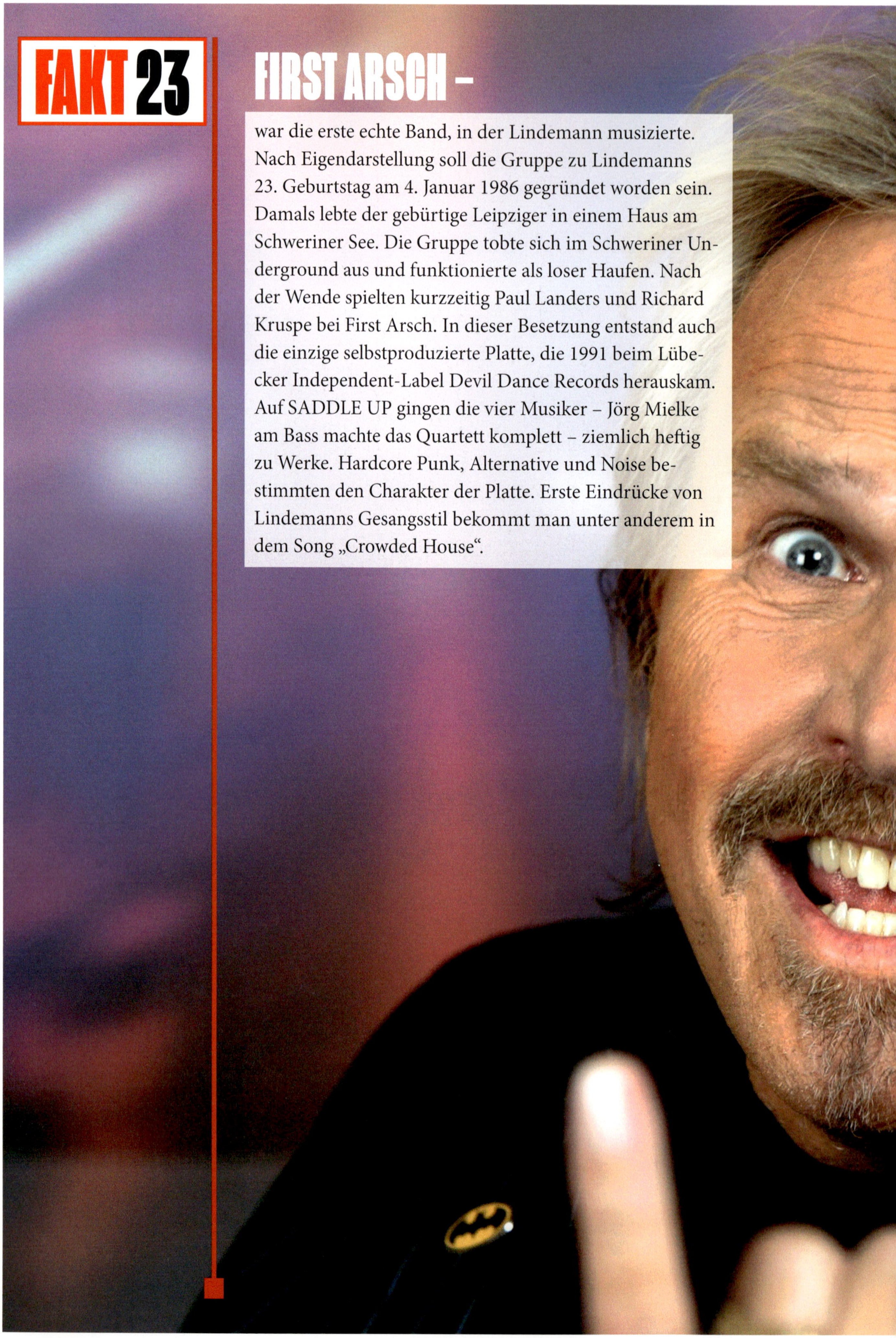

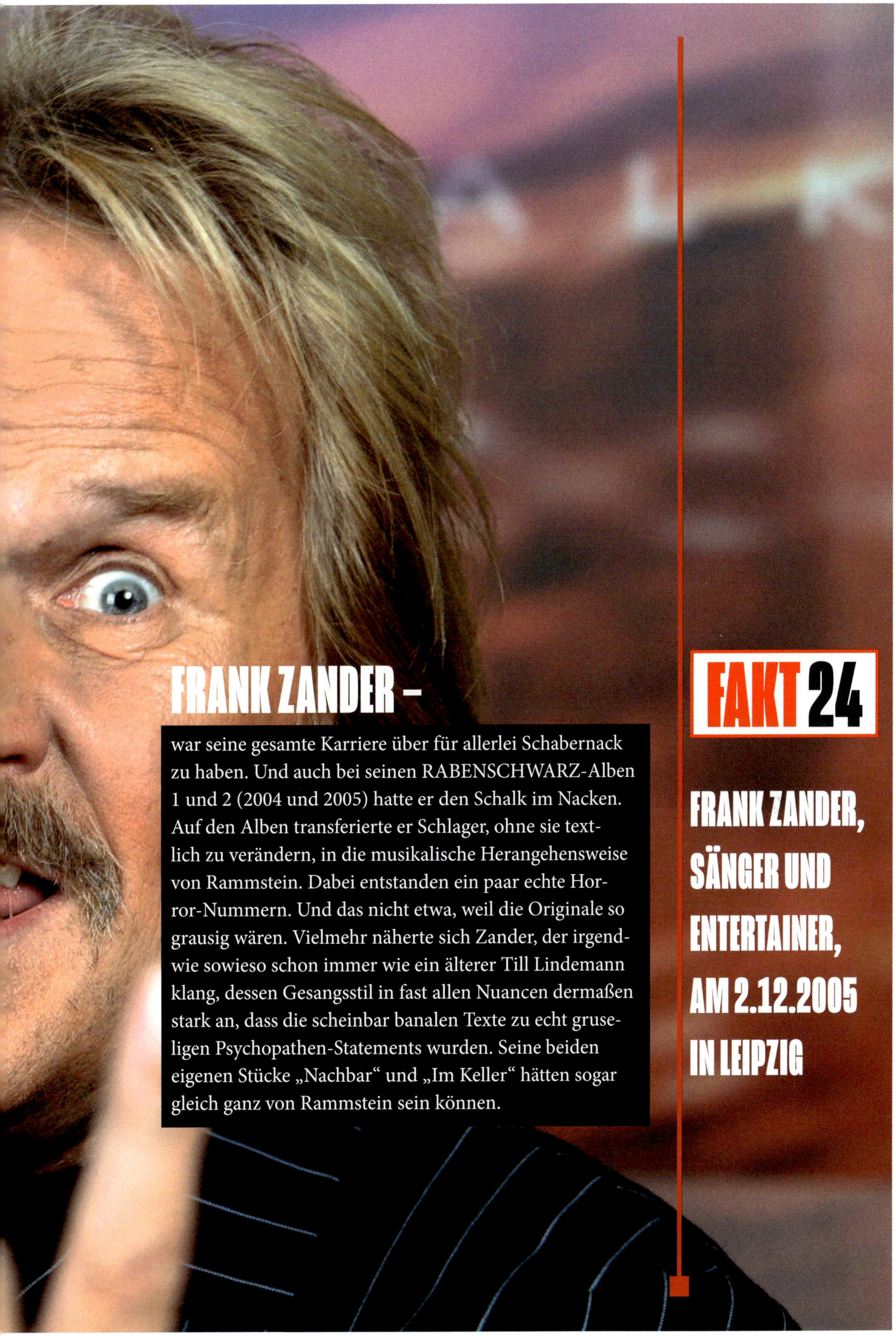

FRANK ZANDER –

war seine gesamte Karriere über für allerlei Schabernack zu haben. Und auch bei seinen RABENSCHWARZ-Alben 1 und 2 (2004 und 2005) hatte er den Schalk im Nacken. Auf den Alben transferierte er Schlager, ohne sie textlich zu verändern, in die musikalische Herangehensweise von Rammstein. Dabei entstanden ein paar echte Horror-Nummern. Und das nicht etwa, weil die Originale so grausig wären. Vielmehr näherte sich Zander, der irgendwie sowieso schon immer wie ein älterer Till Lindemann klang, dessen Gesangsstil in fast allen Nuancen dermaßen stark an, dass die scheinbar banalen Texte zu echt gruseligen Psychopathen-Statements wurden. Seine beiden eigenen Stücke „Nachbar“ und „Im Keller“ hätten sogar gleich ganz von Rammstein sein können.

FAKT 24

FRANK ZANDER, SÄNGER UND ENTERTAINER, AM 2.12.2005 IN LEIPZIG

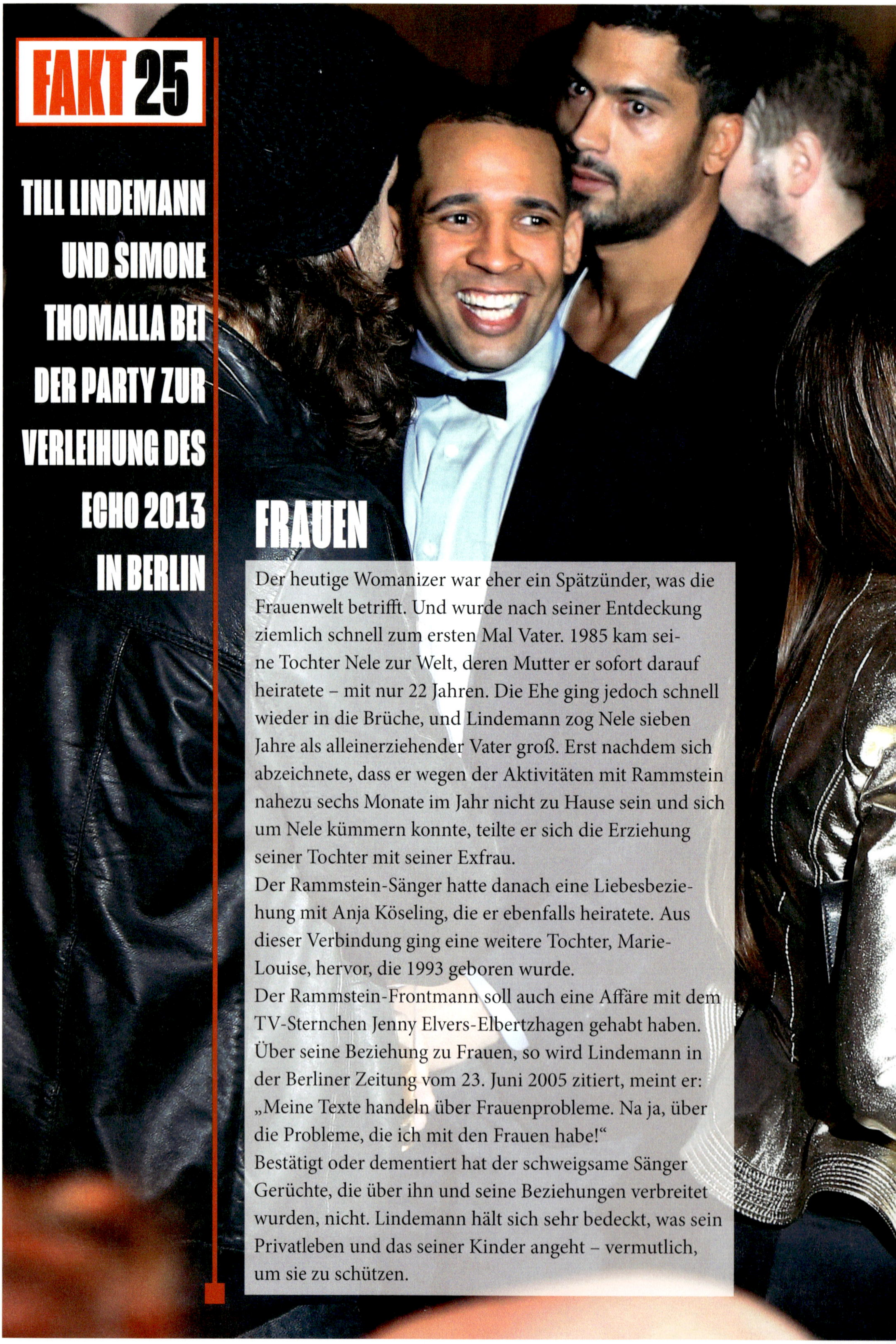

FAKT 25

TILL LINDEMANN UND SIMONE THOMALLA BEI DER PARTY ZUR VERLEIHUNG DES ECHO 2013 IN BERLIN

FRAUEN

Der heutige Womanizer war eher ein Spätzünder, was die Frauenwelt betrifft. Und wurde nach seiner Entdeckung ziemlich schnell zum ersten Mal Vater. 1985 kam seine Tochter Nele zur Welt, deren Mutter er sofort darauf heiratete – mit nur 22 Jahren. Die Ehe ging jedoch schnell wieder in die Brüche, und Lindemann zog Nele sieben Jahre als alleinerziehender Vater groß. Erst nachdem sich abzeichnete, dass er wegen der Aktivitäten mit Rammstein nahezu sechs Monate im Jahr nicht zu Hause sein und sich um Nele kümmern konnte, teilte er sich die Erziehung seiner Tochter mit seiner Exfrau.

Der Rammstein-Sänger hatte danach eine Liebesbeziehung mit Anja Köseling, die er ebenfalls heiratete. Aus dieser Verbindung ging eine weitere Tochter, Marie-Louise, hervor, die 1993 geboren wurde.

Der Rammstein-Frontmann soll auch eine Affäre mit dem TV-Sternchen Jenny Elvers-Elbertzhagen gehabt haben. Über seine Beziehung zu Frauen, so wird Lindemann in der Berliner Zeitung vom 23. Juni 2005 zitiert, meint er: „Meine Texte handeln über Frauenprobleme. Na ja, über die Probleme, die ich mit den Frauen habe!"

Bestätigt oder dementiert hat der schweigsame Sänger Gerüchte, die über ihn und seine Beziehungen verbreitet wurden, nicht. Lindemann hält sich sehr bedeckt, was sein Privatleben und das seiner Kinder angeht – vermutlich, um sie zu schützen.

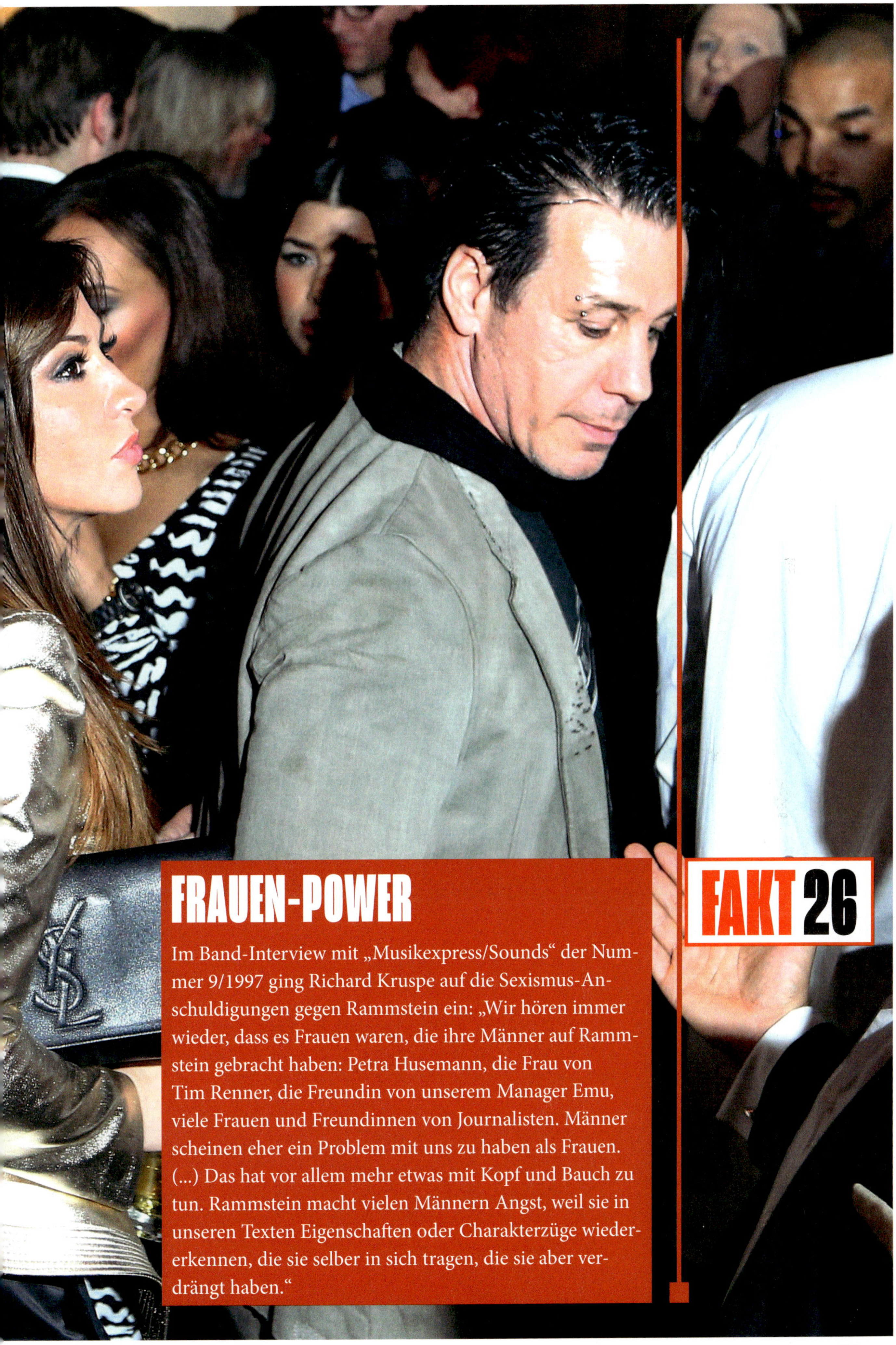

FRAUEN-POWER

FAKT 26

Im Band-Interview mit „Musikexpress/Sounds“ der Nummer 9/1997 ging Richard Kruspe auf die Sexismus-Anschuldigungen gegen Rammstein ein: „Wir hören immer wieder, dass es Frauen waren, die ihre Männer auf Rammstein gebracht haben: Petra Husemann, die Frau von Tim Renner, die Freundin von unserem Manager Emu, viele Frauen und Freundinnen von Journalisten. Männer scheinen eher ein Problem mit uns zu haben als Frauen. (...) Das hat vor allem mehr etwas mit Kopf und Bauch zu tun. Rammstein macht vielen Männern Angst, weil sie in unseren Texten Eigenschaften oder Charakterzüge wiedererkennen, die sie selber in sich tragen, die sie aber verdrängt haben.“

FAKT 27

FREIHEIT

Als der renommierte Verlag „Kiepenheuer und Witsch“ 2023 die Zusammenarbeit mit Till Lindemann als Lyriker beendet hat, entfachte diese Kündigung eine große Diskussion über die Freiheit der Kunst – und wo Kunst endet. deutschlandfunkkultur.de brachte den Disput am 20. Juni 2023 in einem „Einwurf“ der Autorin Jasamin Ulfat-Seddiqzai ziemlich präzise auf den Punkt: „Auch wer nichts von Kunst versteht“, ereifert sie sich, „weiß zumindest eins: Kunst will Grenzen durchbrechen. Dabei kann es sich um Grenzen der Tradition, des Genres oder des guten Geschmacks handeln. Oder um die Grenzen der Legalität. Und das muss nicht immer etwas Schlechtes sein.“ Um den Gedanken wie folgt zu einem Ende zu bringen: „Grenzüberschreitungen können helfen, Altes zu hinterfragen und Gesellschaften zu modernisieren. Häufig sind es Künstler wie Lindemann, die mit ihren Tabubrüchen Wegbereiter für gesellschaftlichen Fortschritt werden. Die sich gegen fragwürdige moralische Vorstellungen ihrer Zeit stellen und dafür mit der eigenen Freiheit, manchmal sogar mit dem eigenen Leben bezahlen.“

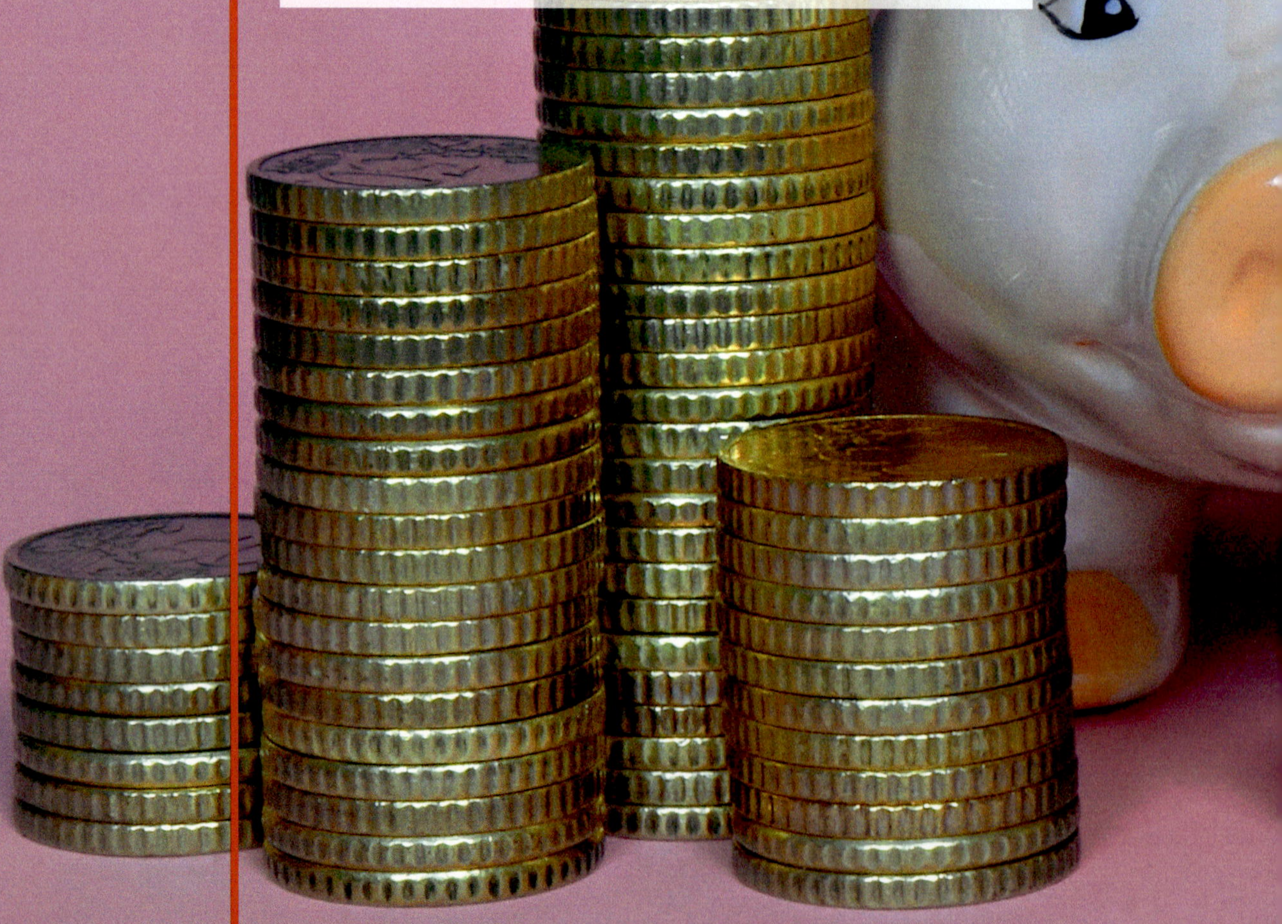

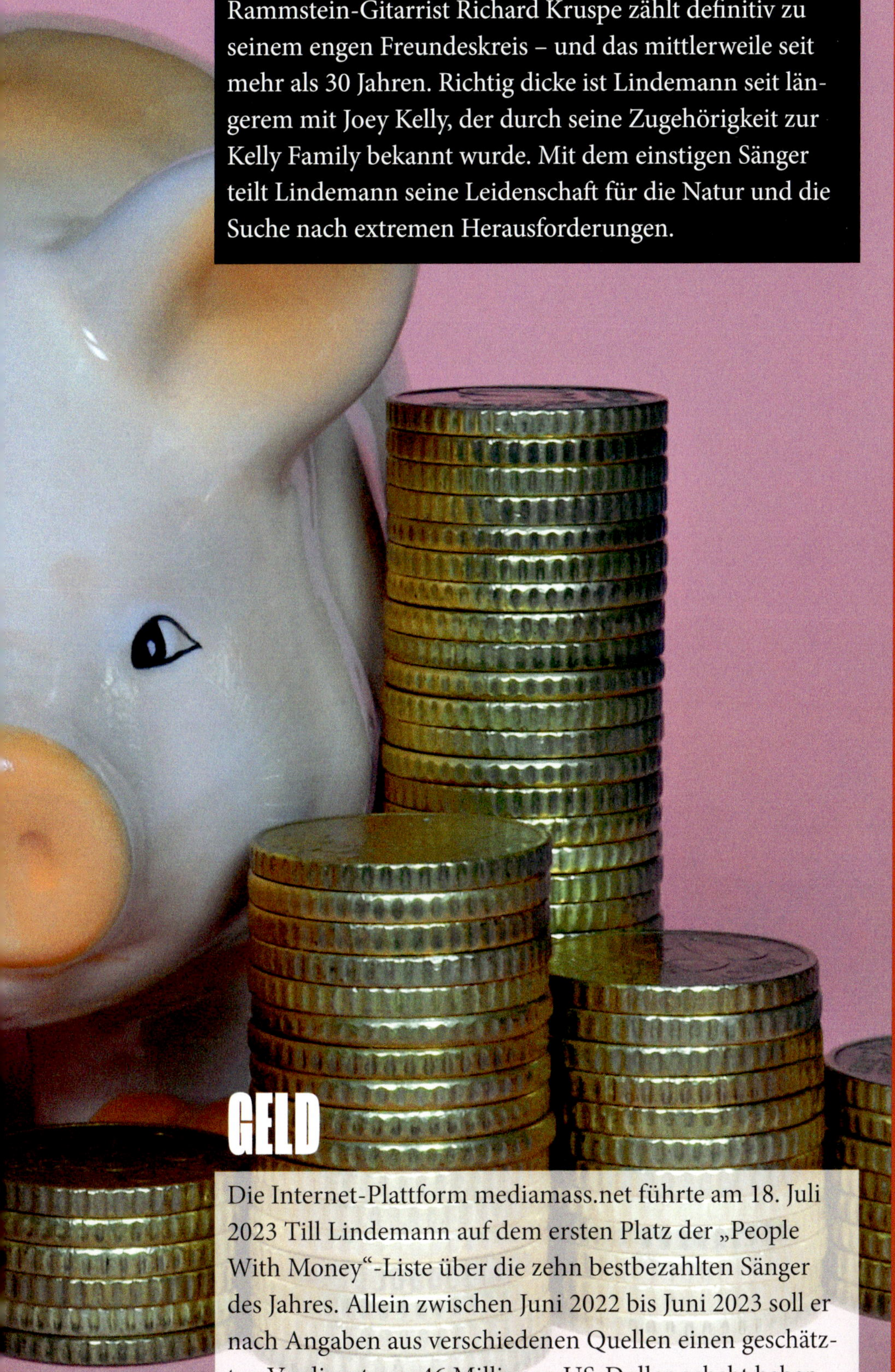

FREUNDSCHAFT –

hat für Till Lindemann Gewicht. Er ist nicht der Typ, der sich mit einem Haufen Leuten umgibt, von denen er mindestens die Hälfte zu seinen Freunden zählen würde. Rammstein-Gitarrist Richard Kruspe zählt definitiv zu seinem engen Freundeskreis – und das mittlerweile seit mehr als 30 Jahren. Richtig dicke ist Lindemann seit längerem mit Joey Kelly, der durch seine Zugehörigkeit zur Kelly Family bekannt wurde. Mit dem einstigen Sänger teilt Lindemann seine Leidenschaft für die Natur und die Suche nach extremen Herausforderungen.

FAKT 28

RICHARD KRUSPE UND TILL LINDEMANN 2016

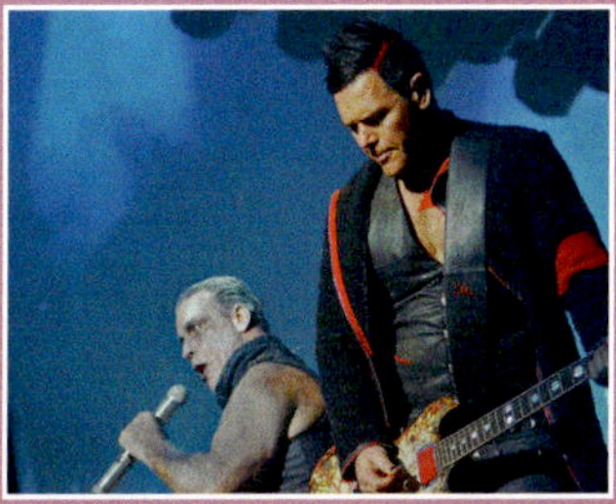

FAKT 29

GELD

Die Internet-Plattform mediamass.net führte am 18. Juli 2023 Till Lindemann auf dem ersten Platz der „People With Money"-Liste über die zehn bestbezahlten Sänger des Jahres. Allein zwischen Juni 2022 bis Juni 2023 soll er nach Angaben aus verschiedenen Quellen einen geschätzten Verdienst von 46 Millionen US-Dollar gehabt haben.

FAKT 30

GEWALT

Im Zuge von Vorwürfen junger Frauen gegen Till Lindemann wegen angeblicher sexueller Übergriffe wurde in den Medien kolportiert, der Sänger habe generell ein Gewaltproblem. Demgegenüber stehen die Aussagen zahlreicher Bekannter und Freunde, die sich fest verbürgen, der Bühnen-Berserker sei privat ganz anders: friedlich, handzahm, versöhnlich. Einer der Schlüsse, den Kritiker gleich nach Erscheinen der ersten beiden Alben HERZELEID und SEHNSUCHT zogen war, Rammstein seien vor allem wegen des gewalttätig wirkenden Habitus' Lindemanns proletenhafte Primitivlinge, die mit ihrer Arbeit eine gehörige Portion Aggressivität und Gewalt vermittelten. So wurde die Band in einem Bericht über das „Phänomen Rammstein" in der Wochenzeitung „Die Zeit" nach Veröffentlichung des zweiten Albums in der Ausgabe vom 11. Juli 1997 als „Proll-Zumutung" bezeichnet, was der Kritiker an ihrer Musik und

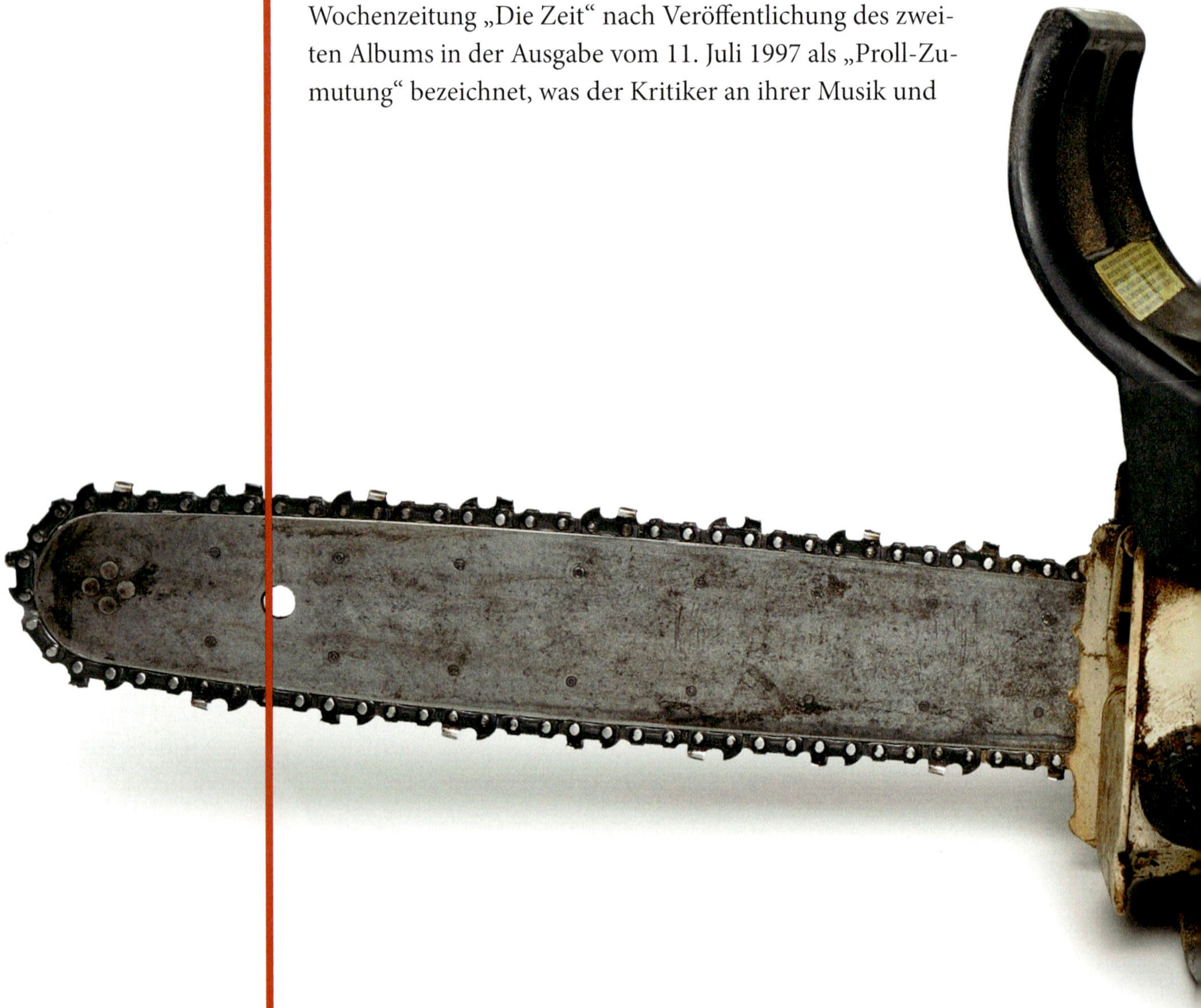

den Shows festmachen wollte. Denn, so schrieb er weiter, die Band habe „halb Deutschland mit Flammenwerfern abgefackelt und mit Lärmattacken zugedröhnt. Ohrensausen, Hirnriss, Blackout." In besagtem Artikel kam auch immer wieder zum Ausdruck, Lindemann und Rammstein strahlten eine gewisse Gefährlichkeit aus und seien gewaltverherrlichend. Man sprach von „Killermaschinen, die aus der Kälte kamen". Der Kritiker fügte hinzu: „Und so schnallen sie Gitarrensaiten auf ihre Kettensägen." Dazu gesellte sich in der Darstellung unterschwellig die Vermutung, von den Musikern gingen Aggression und Gefahr aus, wenn sie gemeinsam als Gruppe auftreten: „Wenn die Band in breiter Formation über leere Plätze marschiert, dann erinnert das an die Auftritte der Revolverhelden in den Filmen von Leone oder Corbucci."

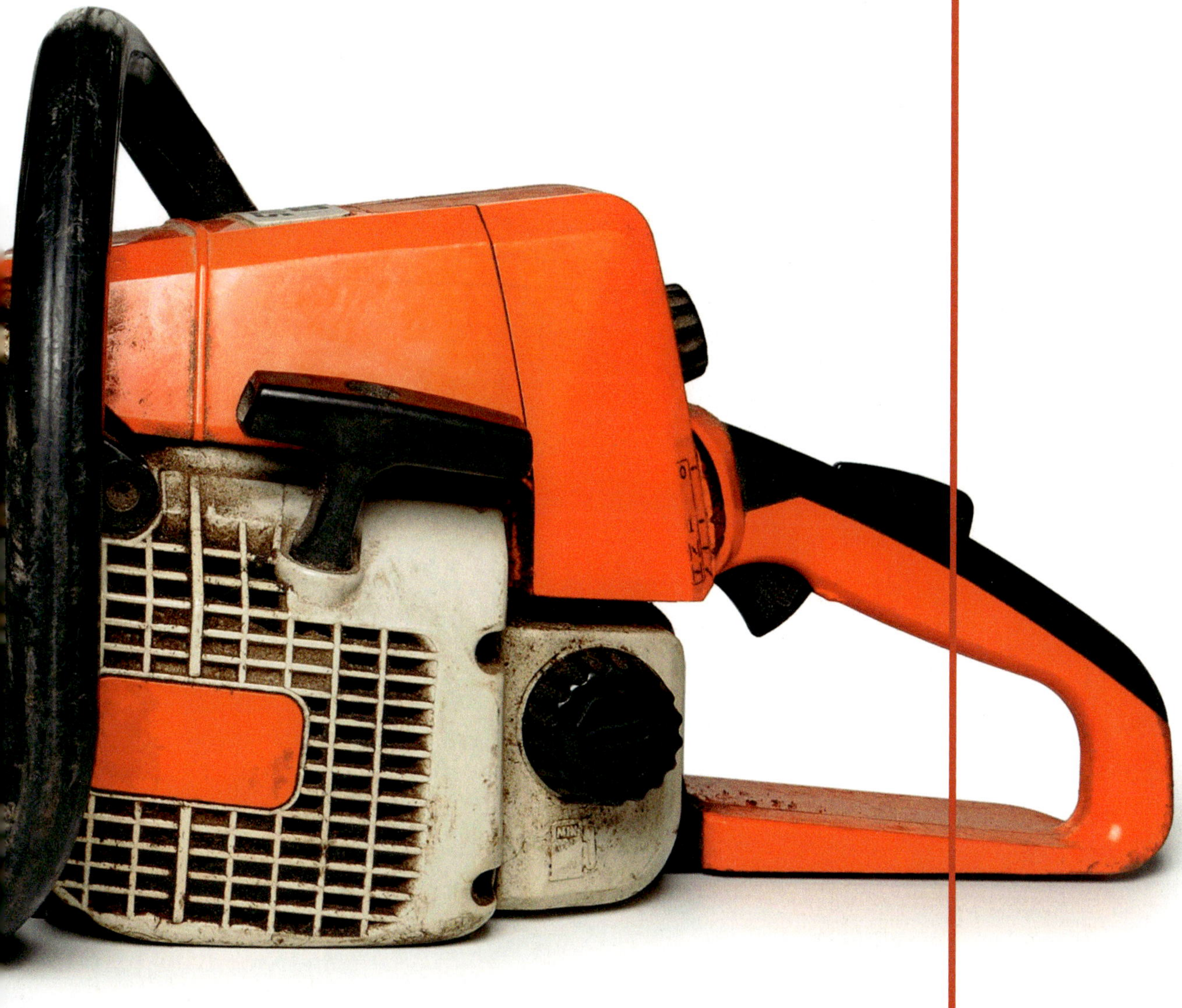

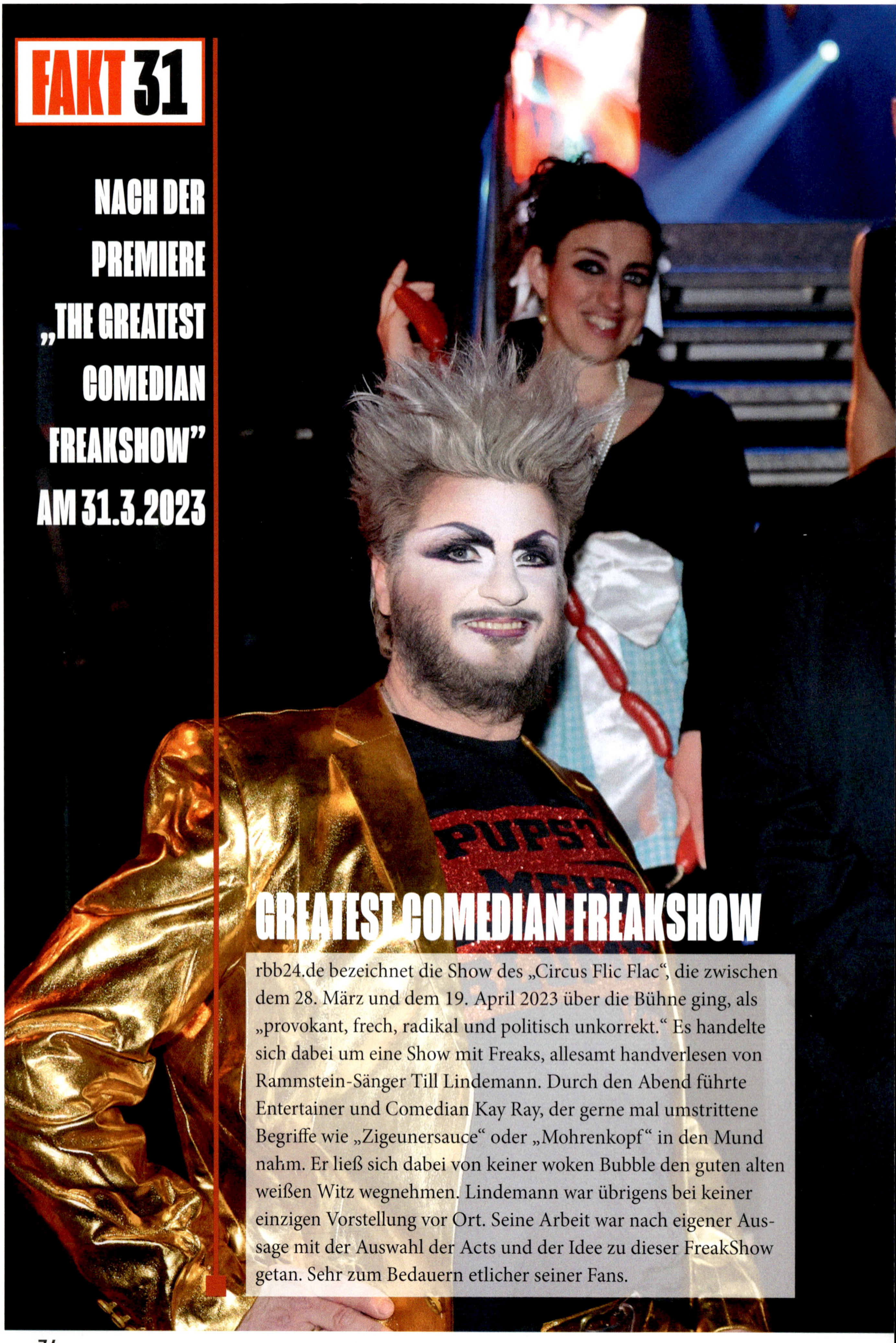

FAKT 31

NACH DER PREMIERE „THE GREATEST COMEDIAN FREAKSHOW” AM 31.3.2023

GREATEST COMEDIAN FREAKSHOW

rbb24.de bezeichnet die Show des „Circus Flic Flac“, die zwischen dem 28. März und dem 19. April 2023 über die Bühne ging, als „provokant, frech, radikal und politisch unkorrekt.“ Es handelte sich dabei um eine Show mit Freaks, allesamt handverlesen von Rammstein-Sänger Till Lindemann. Durch den Abend führte Entertainer und Comedian Kay Ray, der gerne mal umstrittene Begriffe wie „Zigeunersauce“ oder „Mohrenkopf“ in den Mund nahm. Er ließ sich dabei von keiner woken Bubble den guten alten weißen Witz wegnehmen. Lindemann war übrigens bei keiner einzigen Vorstellung vor Ort. Seine Arbeit war nach eigener Aussage mit der Auswahl der Acts und der Idee zu dieser FreakShow getan. Sehr zum Bedauern etlicher seiner Fans.

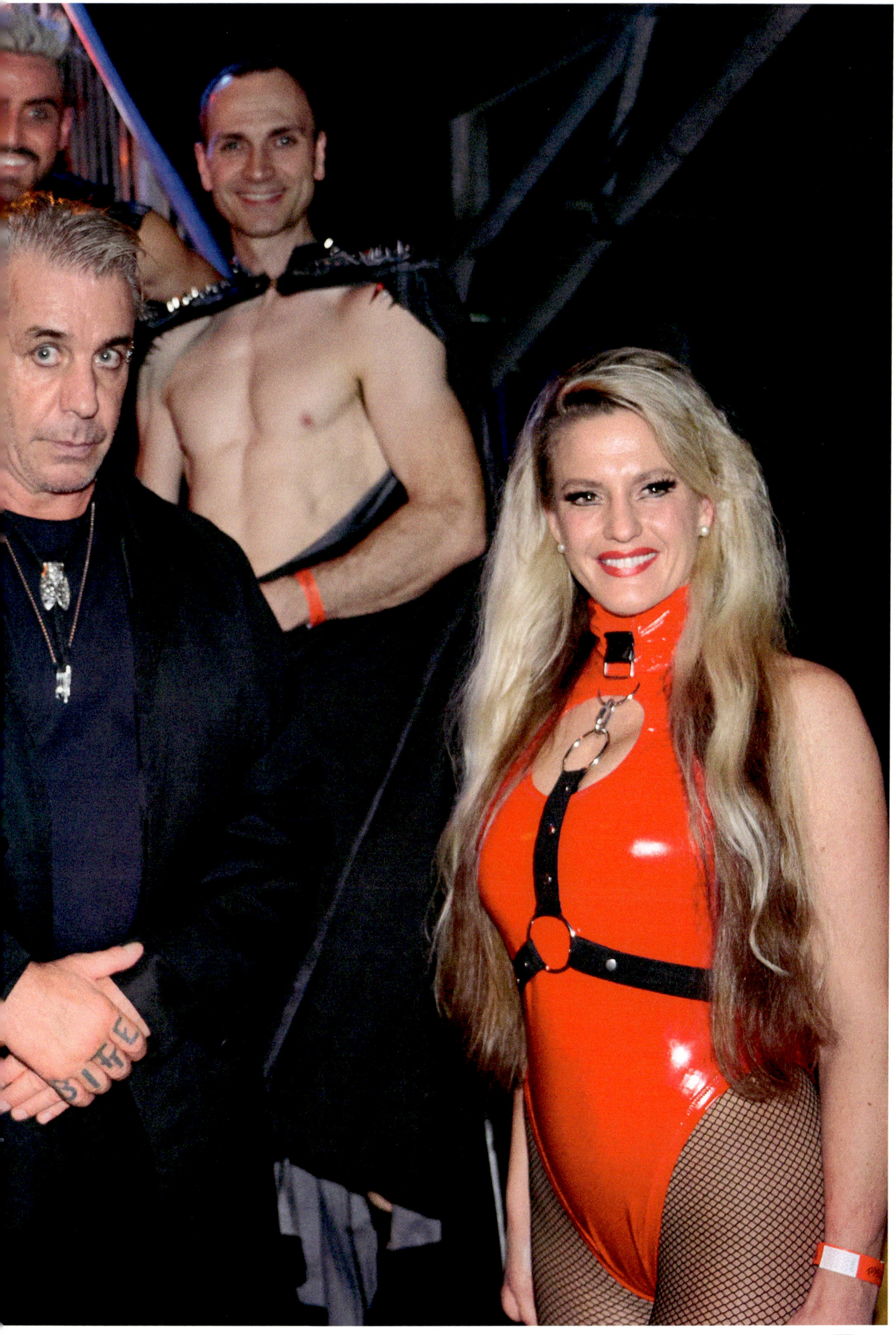

FAKT 32

RAPPER AYKUT ANHAN AKA HAFTBEFEHL BEI EINEM KONZERT IN BERLIN-SCHÖNEFELD AM 12.9.2020

HAFTBEFEHL –

ist ein Deutsch-Rapper aus Frankfurt am Main, der 2018 an der Seite von Till Lindemann in dem Hip-Hop-Song „Mathematik“ auftaucht. Abgesehen von dem extremen Video, in dem Lindemann als Widerling im Proll-Outfit am Ende mit einer anderen Version von sich im Sailor-Moon-Look Sex hat, geht es in dem Stück oberflächlich darum, dass Mathematik Zeitverschwendung ist, weil man das Zählen von Geldscheinen auch auf der Straße lernt. Haftbefehl war stolz auf seine Mitwirkung an dem Stück. Sicher auch, da es musikalisch ganz auf den Stil des Rappers ausgerichtet ist. Von Heavy Metal keine Spur. Anders reagierte allerdings die Fan-Basis des Frankfurters. Viele hatten den Eindruck, Lindemann würde sich mit der Überzeichnung von Prolls, die auf Bildung pfeifen und meinen, mit Gewalt und einem Hauch von Bauernschläue durchs Leben zu kommen, über das Image von Haftbefehl lustig machen.

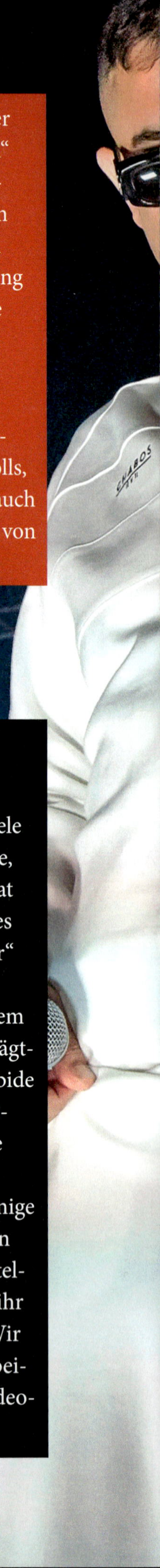

FAKT 33

HÄNSEL UND GRETEL –

ist ein Theaterstück, das am Thalia Theater in Hamburg lief. Nele Lindemann, die Tochter des Rammstein-Sängers aus erster Ehe, arbeitete 2018 für das Projekt als Produktionsassistentin. Sie bat ihren Vater, dafür drei Songs beizusteuern. Am Ende wurden es fünf: „Wer weiß das schon“, „Schlaf ein“, „Allesfresser“, „Sauber“ und „Blut“. Im englischen „Kerrang!“ meinte Till Lindemann, das Thema sei perfekt für sein solistisches Nebenprojekt mit dem schwedischen Death-Metal-Musiker und Produzenten Peter Tägtgren gewesen. „Die Geschichte von Hänsel und Gretel ist morbide und brutal, aber auch sehr romantisch. Da ist die Idee der Blutlinie zwischen den Eltern und den Kindern – wer schickt seine Kinder in den Wald? – und dann der Horror der Hexe, die in ihren eigenen Ofen gestoßen wird. Die Regisseure änderten einige Szenen – zum Beispiel kamen sie auf die Idee, dass Gretel einen Latex- oder Gummifetisch hat, und begannen, den Hauptdarsteller in ein Latexkostüm zu stecken – und dann hieß es: ‚Könnt ihr bitte noch ein Lied machen? Könnt ihr noch eines machen?‘ Wir schrieben auf Abruf, und es machte Spaß, eine neue Art zu arbeiten.“ In der Aufführung ist Till Lindemann als Phantom in Videoprojektionen zu sehen.

HEINO

Schließlich tat er es nach langem Zögern doch: Volksmusik-Ikone Heino hatte einen Auftritt vor Zehntausenden Fans von Deutschlands größtem Metal-Open Air 2013 im Schleswig-Holsteinischen Wacken. Statt dem „Enzian“ verschrieb er sich der „Sonne“. Ein Titel der Brachial-Combo Rammstein, den der damals 74jährige zusammen mit Frontmann Lindemann rrrollte. „Begrüßen Sie mit mir einen speziellen Gast: Heino“, hatte Lindemann zuvor kurz und knapp von der Bühne herab angekündigt. Anschließend „Sonne“ – ein Rammstein-Hit, den der Mann mit blonder Perücke und dunkler Brille bereits für sein Rock-Album „Mit freundlichen Grüßen“ gecovert hatte. Interessante Fußnote: Heino rollte bereits das R, als Till Lindemann gerade sprechen lernte

FAKT 34

HEINO AM 13.4.2023 IM SPORTHOTEL ROYER IN SCHLADMING

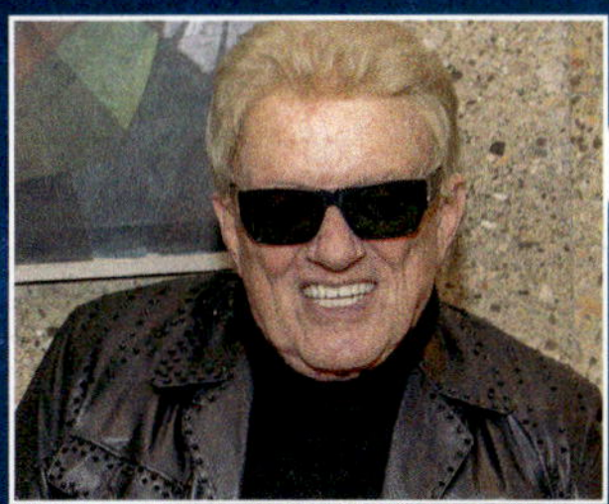

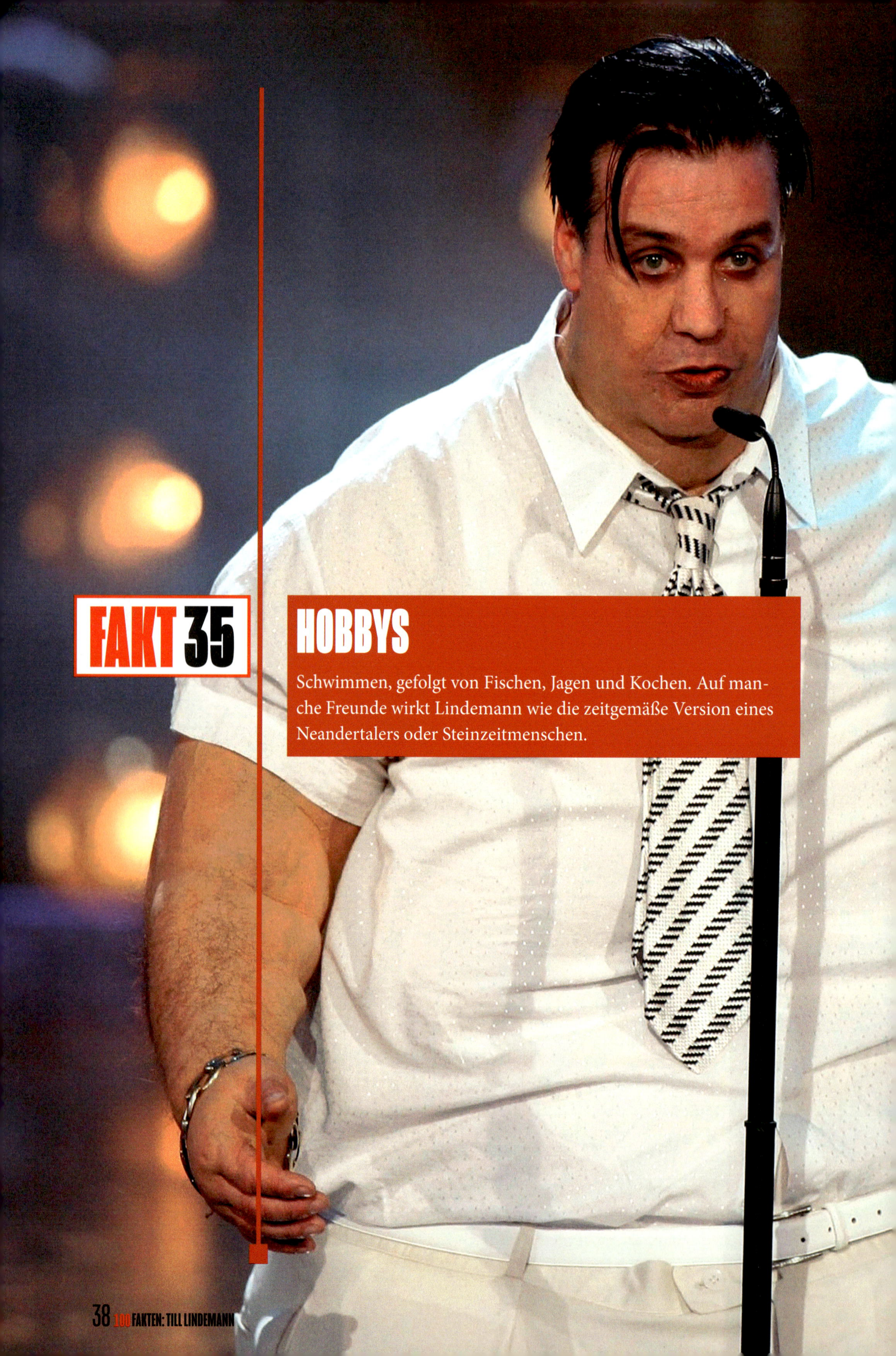

FAKT 35

HOBBYS

Schwimmen, gefolgt von Fischen, Jagen und Kochen. Auf manche Freunde wirkt Lindemann wie die zeitgemäße Version eines Neandertalers oder Steinzeitmenschen.

HOMOSEXUALITÄT

FAKT 36

Obwohl sich Till Lindemann wie zu den meisten kontroversen Themen auch zu „Homosexualität“ lange nicht explizit äußerte, schien ihm Ende November 2019 beim Interview mit dem „Tagesspiegel“ der Kragen zu platzen. Er brachte sein Unverständnis darüber zum Ausdruck, dass Hass auf Schwule in der Moderne nach wie vor existiert. Auf die nicht verurteilenden Texte etwa im Rammstein-Album „Liebe ist für alle da“ angesprochen, erklärte der Künstler wütend: „Jeder kann tun und lassen, was sie oder er will. Es gibt keine Grenzen, keine Tabus.“

HUMOR

FAKT 37

Etliche Themen, mit denen sich Rammstein beschäftigen und für die Lindemann & Co. immer wieder negativ kritisiert werden, haben auf der einen Seite eine beklemmende Schwere und Ernsthaftigkeit. Auf der anderen Seite hat die Band besonders in den späteren Jahren häufig betont, dass sie mit derartigen Inhalten auch spielerisch und ironisch umgehen – was ihnen die Kritiker immer wieder absprechen.

Im Band-Interview mit dem Alternative-Rock-Magazin „Das Ding“ aus dem September 2004 erinnerte sich Richard Kruspe, dass Rammstein ihren Humor im Lauf ihrer Karriere erst entdecken mussten: „Viele sagen ja, die Deutschen haben keinen Humor. Ich denke, Humor hat immer etwas mit Selbstbewusstsein zu tun, und das muss man erst mal bekommen. Wir hatten anfangs schon Probleme, über uns selbst zu lachen. Das haben wir mittlerweile gelernt. ... Am Anfang unserer Karriere haben viele gesagt, dass sie es toll fänden, wie wir uns verunstalten und über uns selbst lachen können. Ich hab‘ dann nicht verstanden, was die meinen, denn wir haben das vor allem am Anfang durchaus ernst gemeint!“ Christoph Schneider wandte dagegen ein: „Ich finde uns nicht so lustig. Buster Keaton hat in seinen Filmen auch nie gelacht, und er hat vor allem auch nie über sich selbst gelacht. Dennoch finden ihn viele extrem witzig. Wenn wir uns selbst sehen, finden wir das komisch. Aber wenn wir auftreten, dürfen wir dabei nicht lachen, das würde die Stimmung kaputt machen.“

2005 BEI DER ECHO-VERLEIHUNG IN BERLIN

FAKT 38

ICH HASSE KINDER –

ist ein Song, den der Rammstein-Sänger als Till Lindemann zum Weltkindertag 2021 veröffentlichte und der in den deutschen Single-Charts bis Rang 12 hinaufkletterte. Damit war „Ich hasse Kinder“ genauso erfolgreich wie Lindemanns Kollaboration mit David Garrett in „Alle Tage ist kein Sonntag“ ein Jahr zuvor (#10). Der Text allein ist schon verstörend, das Video kam aber zusätzlich mit einer extremen Brutalität daher. Kinder prügelten gegenseitig aufeinander ein, und immer wieder sind Splatter-Szenen zu sehen. Wie komplex allerdings Lindemanns Gedankenwelt funktioniert und dass sich hinter scheinbar plakativen Aussagen manchmal Geschichten verbergen, die sich mehrfach verzweigen, wird durch den nach dem Song benannten Kurzfilm deutlich. Darin wird in etwas mehr als 20 Minuten der Werdegang eines deutschen Jungen erzählt, der in der Sowjetunion aufwuchs und von der ersten bis zur neunten Klasse von seinen russisch-stämmigen Mitschülern aufs Übelste gequält wurde. Das reichte bis zur körperlichen und seelischen Folter. Mittlerweile erwachsen, rächt sich dieser Junge an seinen Peinigern, indem er sie der Reihe nach bestialisch ermordet. Im Polizeiverhör leugnet er, wird auch dort von einem sowjetischen Milizionär misshandelt, erzielt vor Gericht trotz recht klarer Faktenlage jedoch einen Freispruch. Wie sich herausstellt, war die Vorsitzende Richterin einst eine Mitschülerin des Mörders. Von Schuldgefühlen gepeinigt, kann sie den Mann nicht verurteilen, stand aber längst auf dessen Todesliste und stirbt durch eine Autobombe nach Verlassen des Gerichtsgebäudes. Zur selben Zeit befindet sich der Mörder zu Hause und entpuppt sich als liebender Ehemann und treusorgender Vater. Fast alle Szenen des Video-Clips entstammen diesem Kurzfilm, der die „Ich hasse Kinder“-Aussage völlig auf den Kopf stellt.

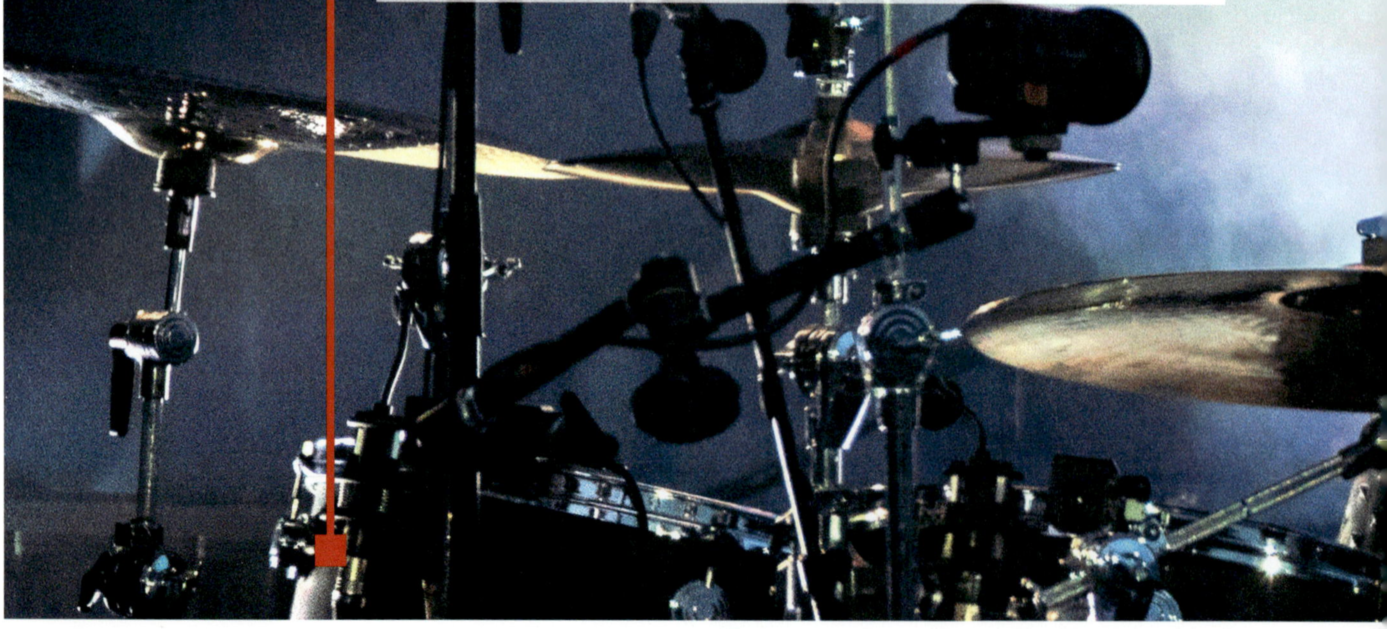

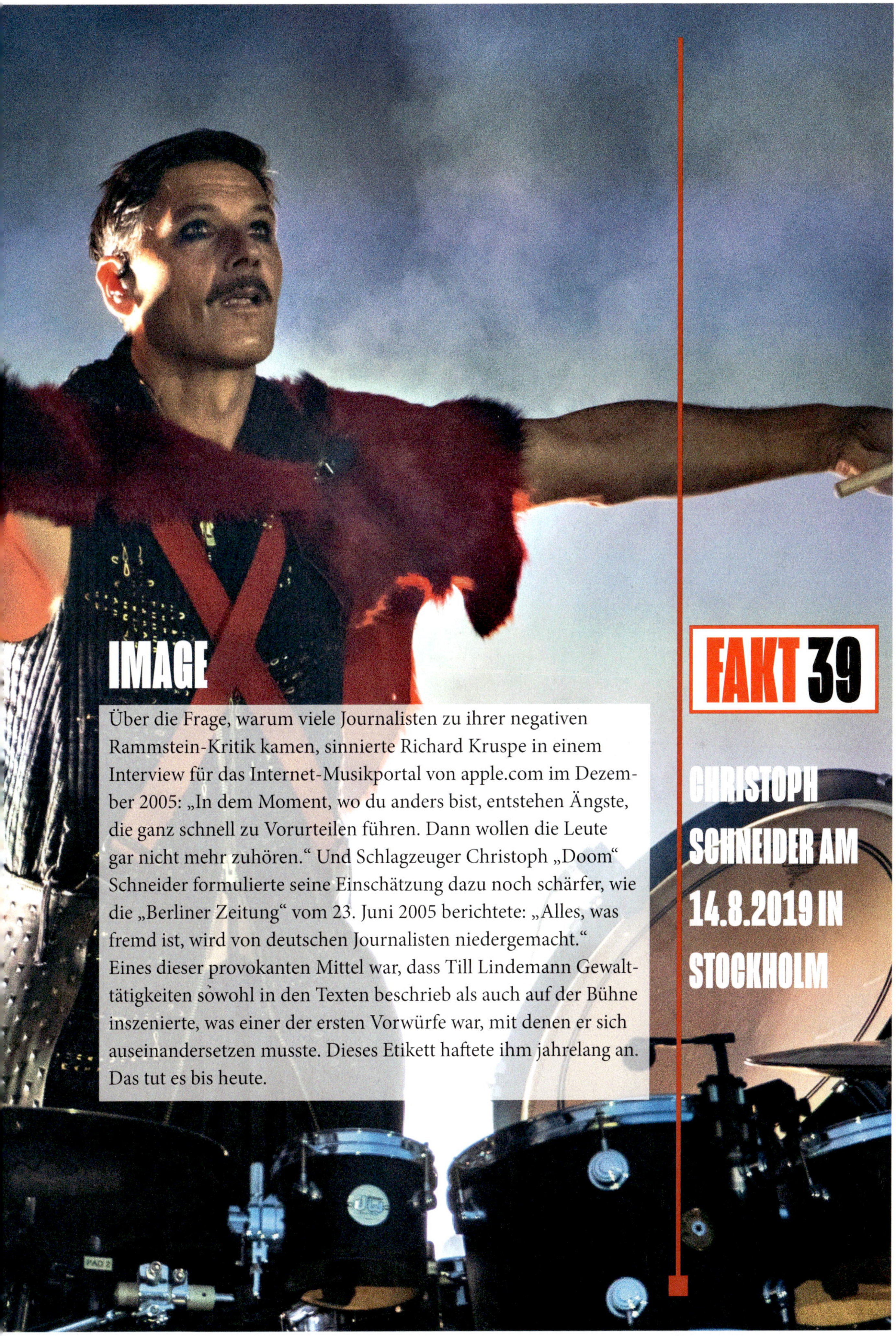

FAKT 39

CHRISTOPH SCHNEIDER AM 14.8.2019 IN STOCKHOLM

IMAGE

Über die Frage, warum viele Journalisten zu ihrer negativen Rammstein-Kritik kamen, sinnierte Richard Kruspe in einem Interview für das Internet-Musikportal von apple.com im Dezember 2005: „In dem Moment, wo du anders bist, entstehen Ängste, die ganz schnell zu Vorurteilen führen. Dann wollen die Leute gar nicht mehr zuhören.“ Und Schlagzeuger Christoph „Doom“ Schneider formulierte seine Einschätzung dazu noch schärfer, wie die „Berliner Zeitung“ vom 23. Juni 2005 berichtete: „Alles, was fremd ist, wird von deutschen Journalisten niedergemacht.“ Eines dieser provokanten Mittel war, dass Till Lindemann Gewalttätigkeiten sowohl in den Texten beschrieb als auch auf der Bühne inszenierte, was einer der ersten Vorwürfe war, mit denen er sich auseinandersetzen musste. Dieses Etikett haftete ihm jahrelang an. Das tut es bis heute.

FAKT 40

JOBS

Lindemann war frustriert, dass seine Karriere als Leistungssportler gescheitert war und suchte sich Anfang der 1980er Jahre einen Broterwerb. Seinen ersten Job hatte er als Torfstecher, er wurde aber bereits nach drei Tagen entlassen. Er begann eine Lehre als Bautischler, und alles sprach dafür, dass er beim Handwerk bleiben würde. Lindemann arbeitete danach als Zimmermann, als Stellmacher und Galerietechniker. Er werkelte kontinuierlich und erweiterte seine handwerklichen Fähigkeiten sowie die Möglichkeiten, Geld zu verdienen, als sein Stiefvater ihm zusätzlich einen Job als Korbflechter verschaffte. Er zog von zu Hause aus und kaufte sich die Hälfte einer Schilfkate, die malerisch in der Stille eines Vogelschutzgebietes im Norden des Schweriner Sees lag. Dort richtete er sich eine Werkstatt ein und erledigte seine Aufträge. Der Rest des Hauses gehörte einer alten Dame, die ebenfalls dort lebte. Heute ist Lindemann Musiker von Beruf.

Natürlich ließ sich von diesem Engagement anfangs nicht leben und auch nicht, als First Arsch die ersten Konzerte spielte, für die auch Eintritt erhoben wurde. Also musste der Rammstein-Sänger weiter als Handwerker und Korbflechter arbeiten. Das änderte sich erst, als er in einem Unternehmen ganz anderer Art anfing: bei Rammstein.

In der Anfangszeit zog Lindemann aus dem Schweriner Raum 1994 wegen der Band nach Berlin und musste in dieser Phase noch Aufträge annehmen. Das brauchte er nicht mehr, seitdem das erste Album HERZELEID sich mehr als ordentlich verkauft hat.

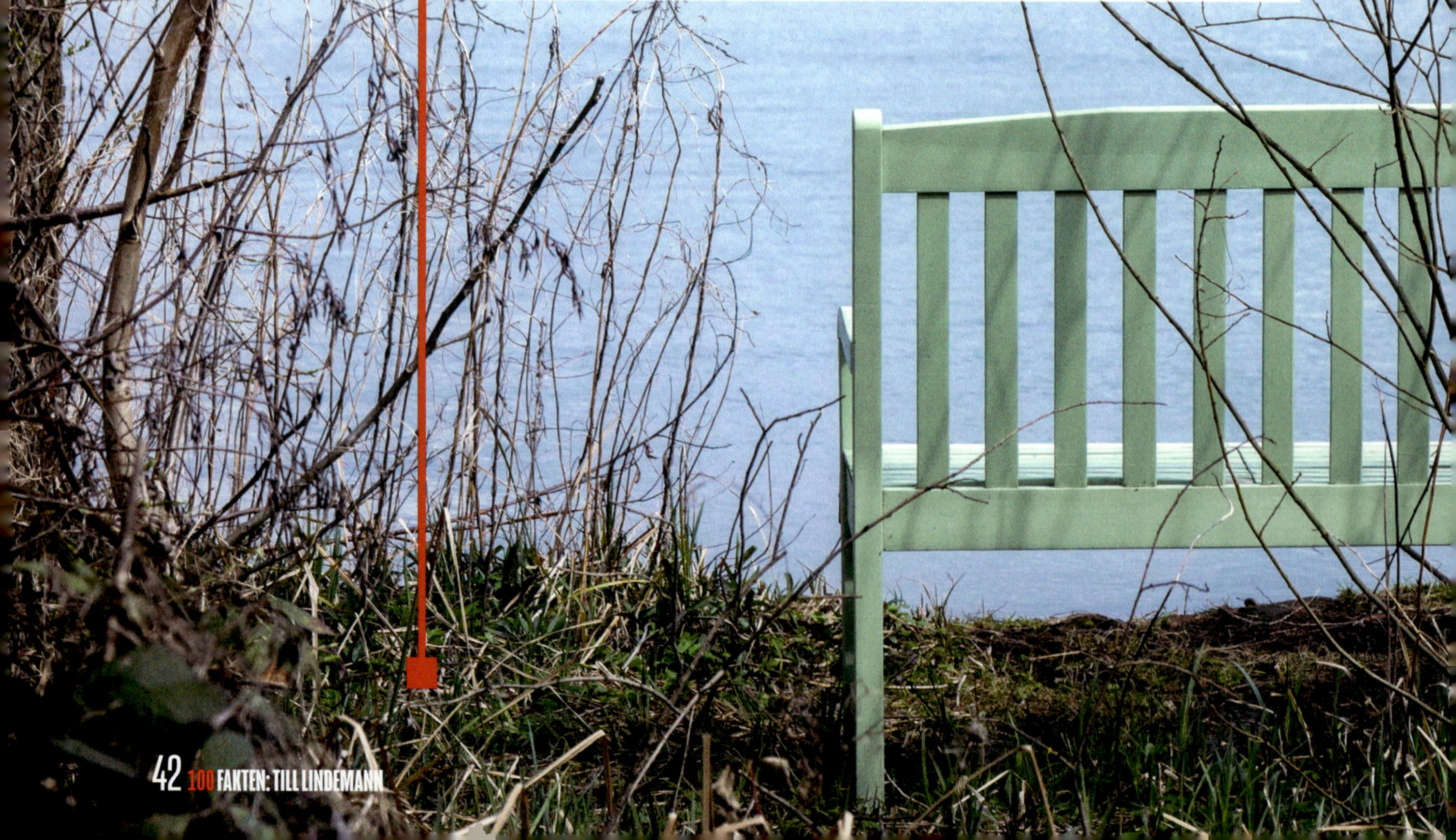

JOEY KELLY –

war Mitglied der Kelly Family und feierte mit dem singenden und musizierenden Familienunternehmen vor allem in den 90ern Riesenerfolge. Später ging Joey Kelly seiner Wege und wandte sich unter anderem Extremsport und Naturabenteuern zu. Auf dieser Ebene wurden er und Till Lindemann Freunde. Ihr erstes Unternehmen war 2017 eine dreiwöchige Tour in Kanada, den Yukon River entlang. Kelly empfand es laut eines Interviews im „Playboy" sehr angenehm, ausgerechnet mit Lindemann auf Reisen gewesen zu sein. Es habe zwischen ihnen keine unnützen Worte gegeben, meinte Joey Kelly. Lindemann könne schweigen, wenn es nichts zu sagen gebe. Und wenn sie miteinander sprachen, hätten sie sich jedes Mal etwas zu sagen gehabt. Ihre Abenteuer dokumentierten die Beiden im Buch „Yukon". 2020 erschien der Bildband „Amazonas", der Kelly und Lindemann auf Erkundung durch den südamerikanischen Dschungel zeigt. Teil drei dieser Fluss-Trilogie mit dem Titel „Der Rhein", der 2023 herauskommen sollte, wurde vom Verlag vorerst auf Eis gelegt.

FAKT 41

JOEY KELLY BEIM RTL-SPENDEN-MARATHON IN KÖLN AM 21.11.2018

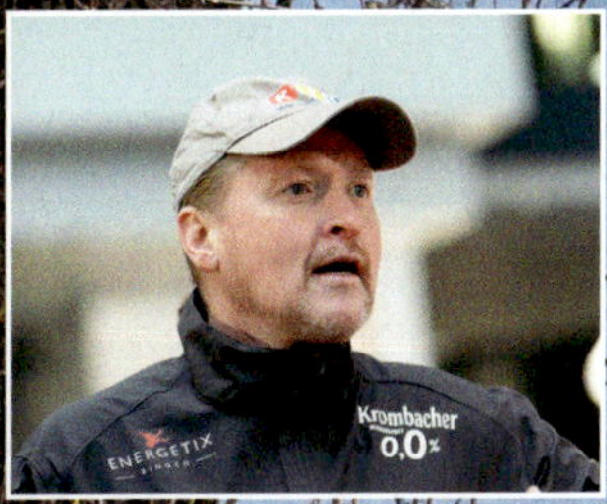

KARL LAGERFELD

Als eine stattlichere Version des einstigen Modezaren Karl Lagerfeld hat Till Lindemann 2022 Werbung für einen veganen Burger der Düsseldorfer Firma LikeMeat gemacht. Die gleiche Werbung gab es schon einmal mit Lindemann als Andy Warhol 2021. Im „Spiegel" wurde wegen Lindemanns Engagement über eine mögliche vegane Lebensweise des Sängers spekuliert und gleichzeitig gerätselt, ob das Ganze nur Provokation sei. Im „Berliner Kurier" hingegen wird darauf hingewiesen, dass Lindemann trotz der Werbung für vegane Burger Fleisch esse.

FAKT 42

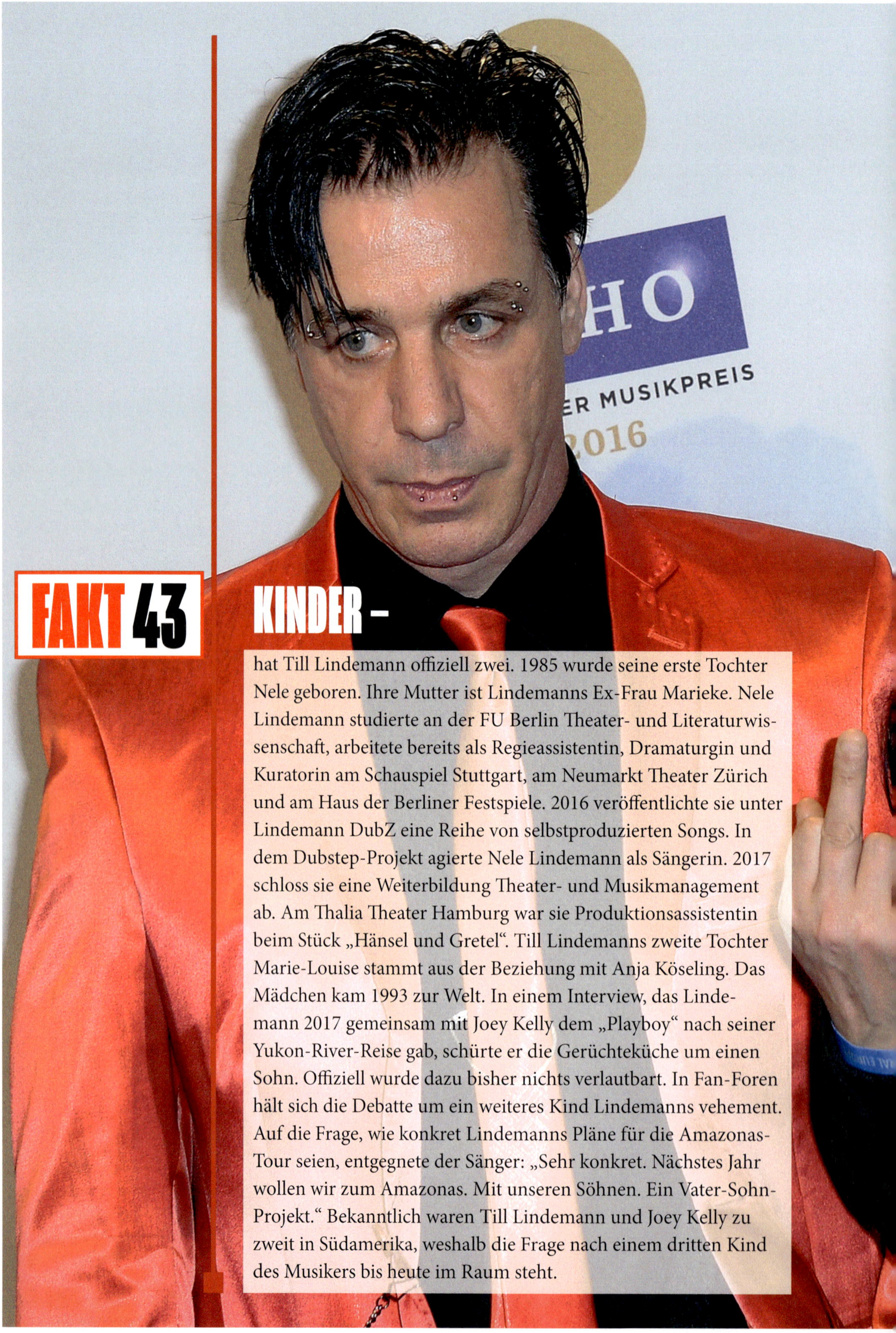

FAKT 43

KINDER –

hat Till Lindemann offiziell zwei. 1985 wurde seine erste Tochter Nele geboren. Ihre Mutter ist Lindemanns Ex-Frau Marieke. Nele Lindemann studierte an der FU Berlin Theater- und Literaturwissenschaft, arbeitete bereits als Regieassistentin, Dramaturgin und Kuratorin am Schauspiel Stuttgart, am Neumarkt Theater Zürich und am Haus der Berliner Festspiele. 2016 veröffentlichte sie unter Lindemann DubZ eine Reihe von selbstproduzierten Songs. In dem Dubstep-Projekt agierte Nele Lindemann als Sängerin. 2017 schloss sie eine Weiterbildung Theater- und Musikmanagement ab. Am Thalia Theater Hamburg war sie Produktionsassistentin beim Stück „Hänsel und Gretel". Till Lindemanns zweite Tochter Marie-Louise stammt aus der Beziehung mit Anja Köseling. Das Mädchen kam 1993 zur Welt. In einem Interview, das Lindemann 2017 gemeinsam mit Joey Kelly dem „Playboy" nach seiner Yukon-River-Reise gab, schürte er die Gerüchteküche um einen Sohn. Offiziell wurde dazu bisher nichts verlautbart. In Fan-Foren hält sich die Debatte um ein weiteres Kind Lindemanns vehement. Auf die Frage, wie konkret Lindemanns Pläne für die Amazonas-Tour seien, entgegnete der Sänger: „Sehr konkret. Nächstes Jahr wollen wir zum Amazonas. Mit unseren Söhnen. Ein Vater-Sohn-Projekt." Bekanntlich waren Till Lindemann und Joey Kelly zu zweit in Südamerika, weshalb die Frage nach einem dritten Kind des Musikers bis heute im Raum steht.

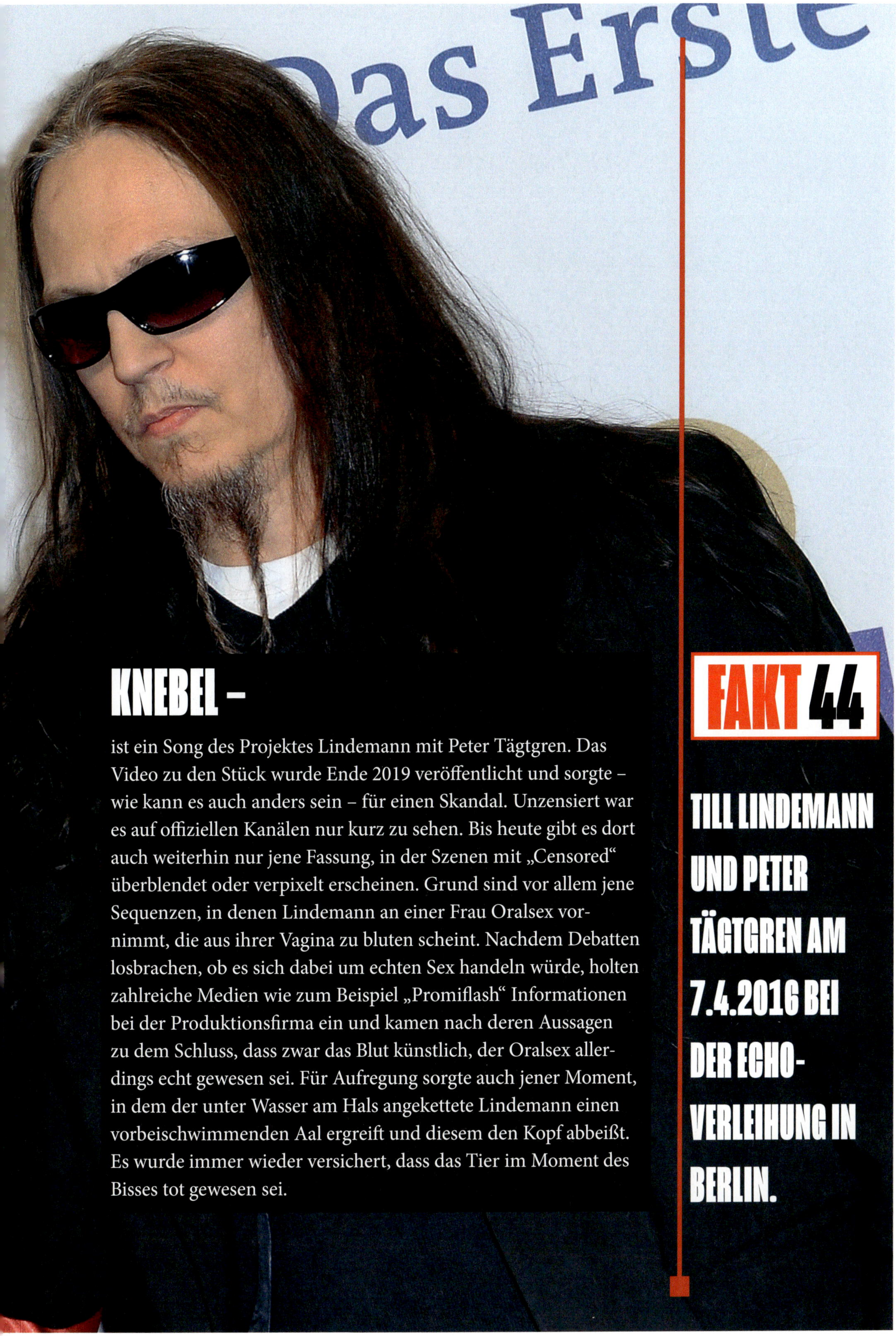

FAKT 44

TILL LINDEMANN UND PETER TÄGTGREN AM 7.4.2016 BEI DER ECHO-VERLEIHUNG IN BERLIN.

KNEBEL –

ist ein Song des Projektes Lindemann mit Peter Tägtgren. Das Video zu den Stück wurde Ende 2019 veröffentlicht und sorgte – wie kann es auch anders sein – für einen Skandal. Unzensiert war es auf offiziellen Kanälen nur kurz zu sehen. Bis heute gibt es dort auch weiterhin nur jene Fassung, in der Szenen mit „Censored“ überblendet oder verpixelt erscheinen. Grund sind vor allem jene Sequenzen, in denen Lindemann an einer Frau Oralsex vornimmt, die aus ihrer Vagina zu bluten scheint. Nachdem Debatten losbrachen, ob es sich dabei um echten Sex handeln würde, holten zahlreiche Medien wie zum Beispiel „Promiflash“ Informationen bei der Produktionsfirma ein und kamen nach deren Aussagen zu dem Schluss, dass zwar das Blut künstlich, der Oralsex allerdings echt gewesen sei. Für Aufregung sorgte auch jener Moment, in dem der unter Wasser am Hals angekettete Lindemann einen vorbeischwimmenden Aal ergreift und diesem den Kopf abbeißt. Es wurde immer wieder versichert, dass das Tier im Moment des Bisses tot gewesen sei.

FAKT 45

KOVACS BEIM LOWLANDS FESTIVAL IN BIDDING-HUIZEN 2017

KOVACS –

ist eine niederländische Sängerin, die den Titelsong ihres dritten Albums – CHILD OF SIN – im Duett mit Till Lindemann aufnahm. Bei dem Song handelt es sich um eine eindringliche Ballade. Während das Lied bereits im Januar 2023 veröffentlicht wurde, erschien das Video erst im Juli, als bereits Vorwürfe gegen den Sänger wegen angeblicher Übergriffe gegen Frauen die Runde machten.

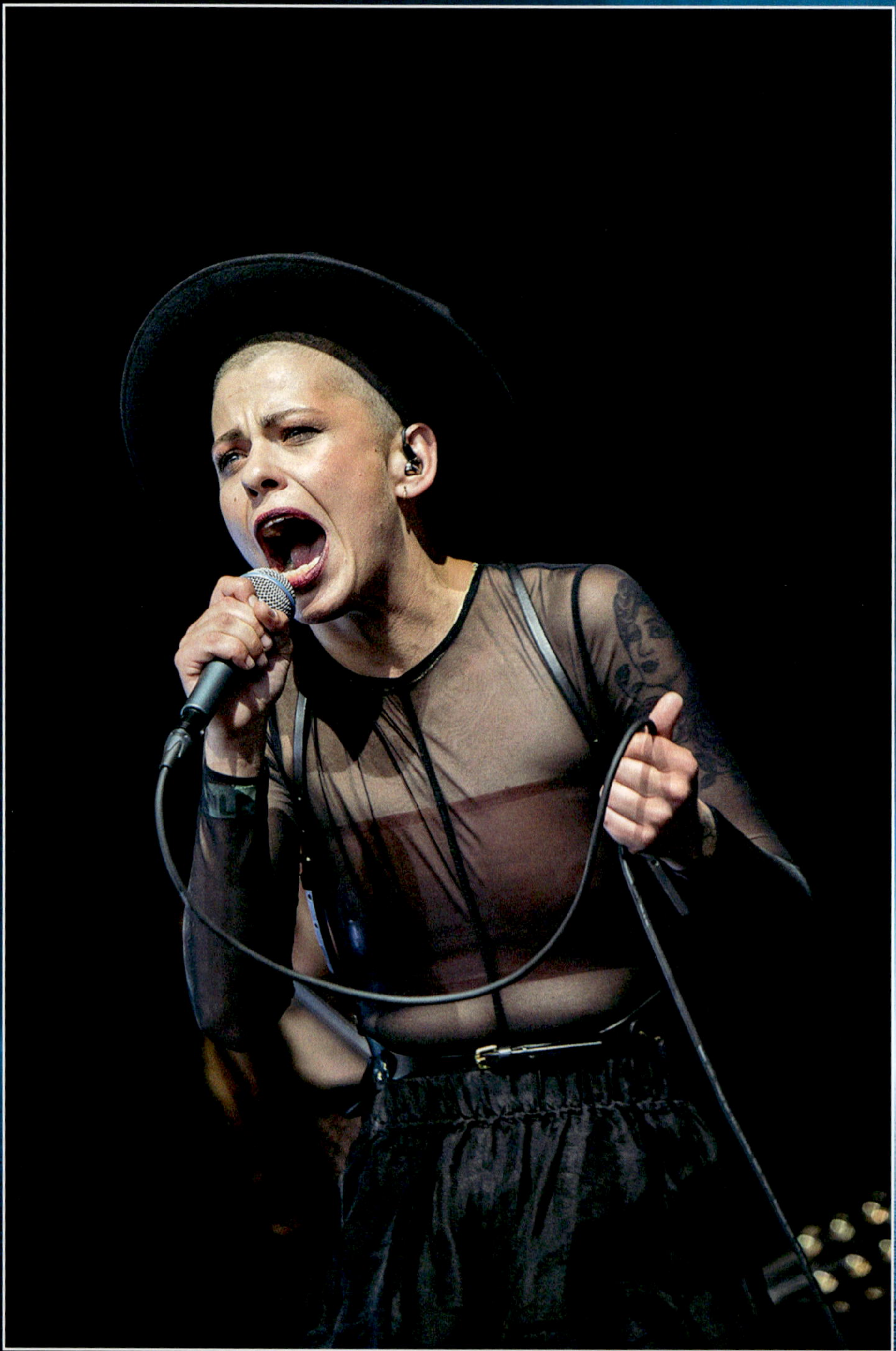

KREBS –

FAKT 46

spielt in Till Lindemanns Leben spätesten seit jenem Moment eine Rolle, als einer seiner Freunde daran verstarb. Wenig später verlor er einen weiteren Freund, den er schon lange kannte, an die Krankheit, was ihn mehrfach dazu brachte, Initiativen gegen Krebs zu unterstützen. So auch im Falle von „Tätowierte gegen Krebs" aus Mecklenburg-Vorpommern. Dem Verein spendete der Sänger nicht nur Geld, sondern auch handsignierte T-Shirts für eine Weihnachtsaktion. Das Engagement rührte auch daher, dass Lindemann die martialische Art der Vereinsmitglieder mochte. Aus seiner Sicht passten sowohl die Typen und die manchmal recht bizarren Tattoos gut zu seinem und zum Image von Rammstein. Was Lindemann allerdings nicht wusste: Der Vorsitzende hatte eine rechtsextreme Vergangenheit und war Mehrfachstraftäter. Bei Bekanntwerden dieser Verstrickungen kündigte Lindemann sein Engagement auf.

KULTUR

FAKT 47

Der Rammstein-Frontmann versuchte sich eines Tages auf einem anderen, aber nach dem Gesang und dem Schreiben naheliegenden künstlerischen Feld: dem Film. Der personifizierte Berserker demonstriert durch solche Nebenprojekte genauso wie durch die Wandlungen, die seine Band von Album zu Album durchläuft, wie entwicklungsfähig er ist. Er zeigt als Künstler aber nicht nur viele Facetten, sondern bringt bei allen Projekten seine Persönlichkeit voll ein und ist mit einer Intensität dabei, die zu seinem eigenen, wie zum Markenzeichen von Rammstein geworden ist.

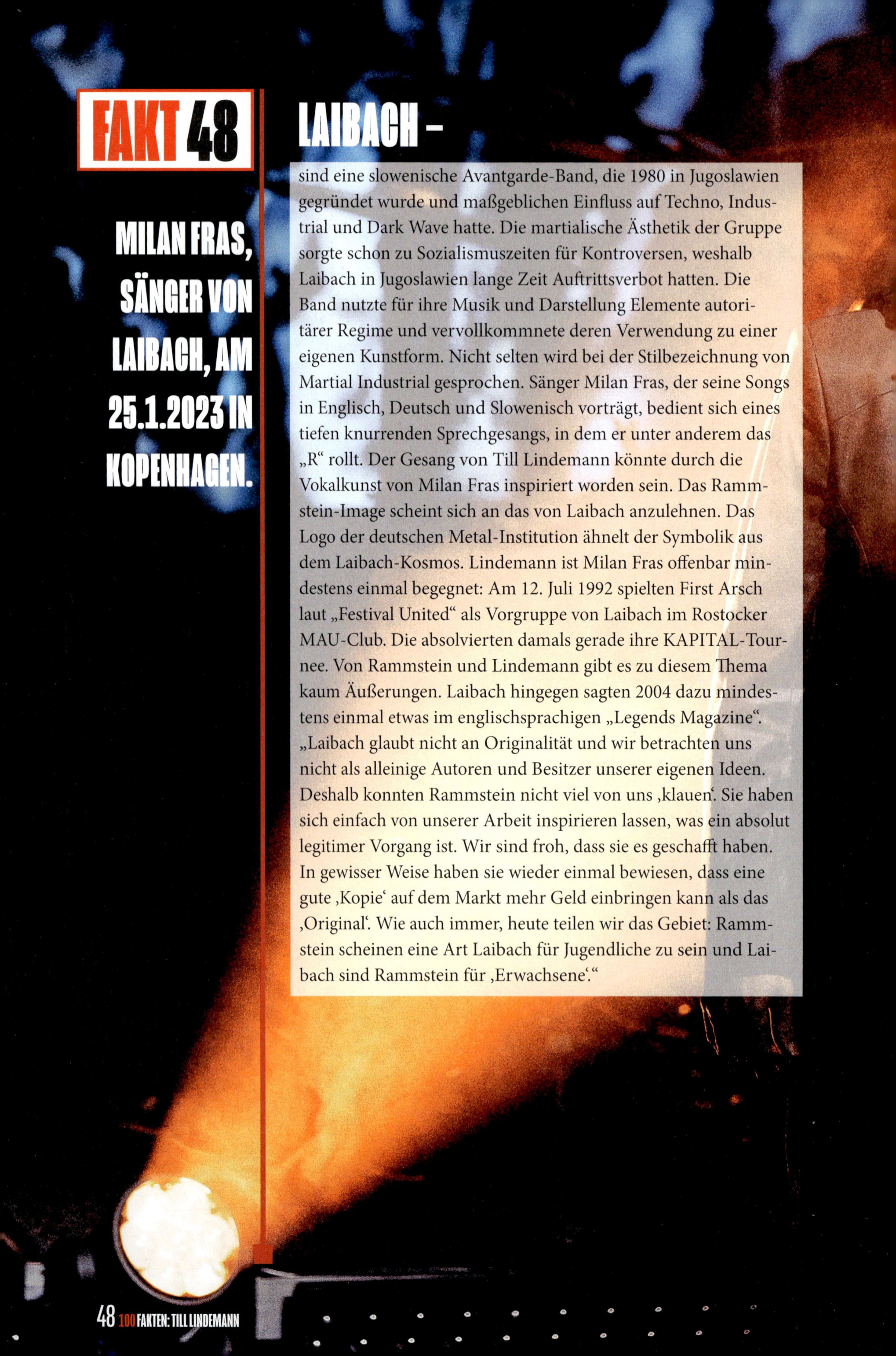

FAKT 48

MILAN FRAS, SÄNGER VON LAIBACH, AM 25.1.2023 IN KOPENHAGEN.

LAIBACH –

sind eine slowenische Avantgarde-Band, die 1980 in Jugoslawien gegründet wurde und maßgeblichen Einfluss auf Techno, Industrial und Dark Wave hatte. Die martialische Ästhetik der Gruppe sorgte schon zu Sozialismuszeiten für Kontroversen, weshalb Laibach in Jugoslawien lange Zeit Auftrittsverbot hatten. Die Band nutzte für ihre Musik und Darstellung Elemente autoritärer Regime und vervollkommnete deren Verwendung zu einer eigenen Kunstform. Nicht selten wird bei der Stilbezeichnung von Martial Industrial gesprochen. Sänger Milan Fras, der seine Songs in Englisch, Deutsch und Slowenisch vorträgt, bedient sich eines tiefen knurrenden Sprechgesangs, in dem er unter anderem das „R" rollt. Der Gesang von Till Lindemann könnte durch die Vokalkunst von Milan Fras inspiriert worden sein. Das Rammstein-Image scheint sich an das von Laibach anzulehnen. Das Logo der deutschen Metal-Institution ähnelt der Symbolik aus dem Laibach-Kosmos. Lindemann ist Milan Fras offenbar mindestens einmal begegnet: Am 12. Juli 1992 spielten First Arsch laut „Festival United" als Vorgruppe von Laibach im Rostocker MAU-Club. Die absolvierten damals gerade ihre KAPITAL-Tournee. Von Rammstein und Lindemann gibt es zu diesem Thema kaum Äußerungen. Laibach hingegen sagten 2004 dazu mindestens einmal etwas im englischsprachigen „Legends Magazine". „Laibach glaubt nicht an Originalität und wir betrachten uns nicht als alleinige Autoren und Besitzer unserer eigenen Ideen. Deshalb konnten Rammstein nicht viel von uns ‚klauen'. Sie haben sich einfach von unserer Arbeit inspirieren lassen, was ein absolut legitimer Vorgang ist. Wir sind froh, dass sie es geschafft haben. In gewisser Weise haben sie wieder einmal bewiesen, dass eine gute ‚Kopie' auf dem Markt mehr Geld einbringen kann als das ‚Original'. Wie auch immer, heute teilen wir das Gebiet: Rammstein scheinen eine Art Laibach für Jugendliche zu sein und Laibach sind Rammstein für ‚Erwachsene'."

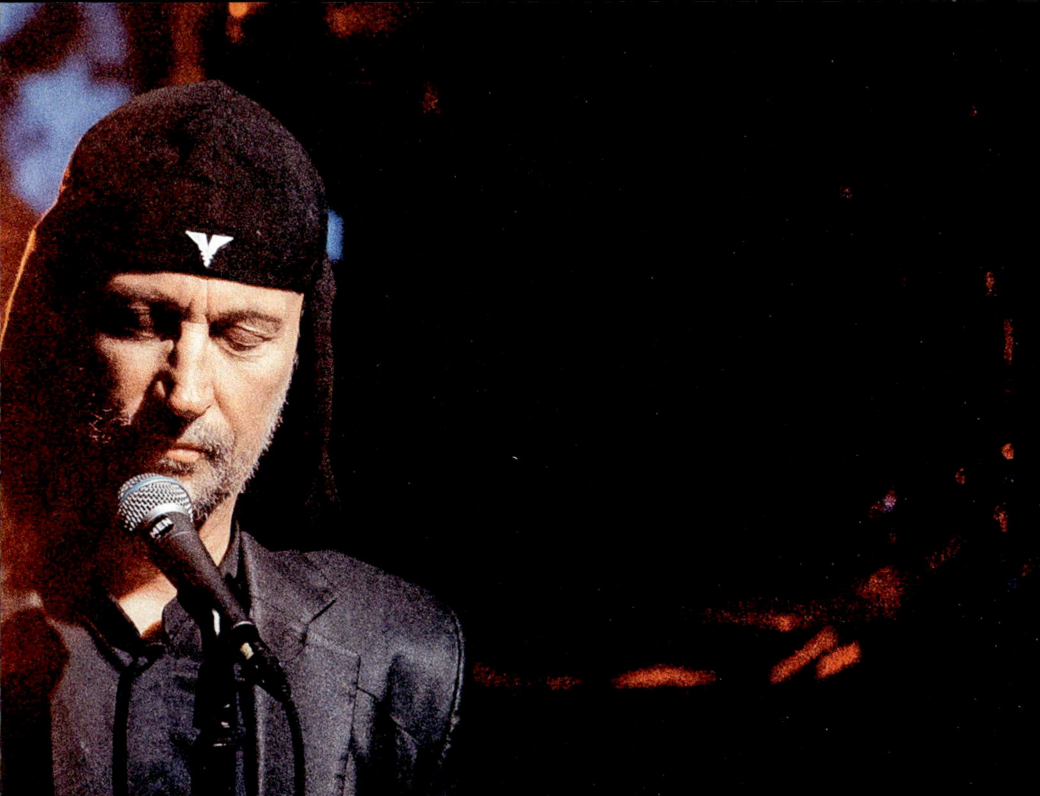

FAKT 49

LEISTUNGSSPORT

Wann immer es ging, hielt sich Jung-Lindemann bereits seit seiner Kindheit am Wasser auf, um zu angeln, und er ging sehr oft zum Schwimmen. Das Wasser wurde sein Element, und er zu einem hoffnungsvollen Schwimmtalent beim SC Empor Rostock, einer Sportschule, in die er 1974 mit elf Jahren eintrat – allerdings nicht mit großem Vergnügen. In einem Interview mit der Ostsee-Zeitung vom 21. November 2002 sagte er: „Ich mochte die Sportschule eigentlich nie, das war schon heftig. Aber als Kind konntest du dich nicht dagegen wehren.“ Dennoch zeichnete sich eine richtiggehende Sportlerkarriere ab, denn Lindemann schwamm sich zwischen 1976 und 1978 bis zum Junioren-Vizeeuropameister im 1500 Meter Freistil.

Während einer Reise zur Jugendeuropameisterschaft nach Florenz im Jahre 1978, erlaubte sich der zukünftige Rammstein-Sänger allerdings einen folgenschweren Fauxpas. Er schlich sich in der Nacht mit ein paar anderen Jungs über die Feuertreppe aus der Herberge der DDR-Nachwuchsathleten, um sich in Sexshops umzusehen. Wie die Zeitung „Die Welt“ am 28. September 2004 berichtete, soll er sich auf dieser Tour mit einer Rocker-Gang angelegt und dabei einen Muskel in der Bauchgegend verletzt haben.

Lindemann erzählte im Internet-Entertainment-Magazin www.kino.de vom 27. Januar 2006 über seinen damaligen nächtlichen Ausflug: „Für mich als Junge aus dem Osten war es wie ein Traum, Pornohefte zu sehen, weil sie bei uns verboten waren. Die Trainer waren darüber aber alles andere als begeistert.“ Sie erwischten die jungen Schwimmer auf frischer Tat – und Lindemann flog aus der Nationalmannschaft. Damit war auch der Traum von der Teilnahme an der Weltmeisterschaft im Jahre 1980 in Moskau ausgeträumt und die Schwimmerkarriere jäh beendet.

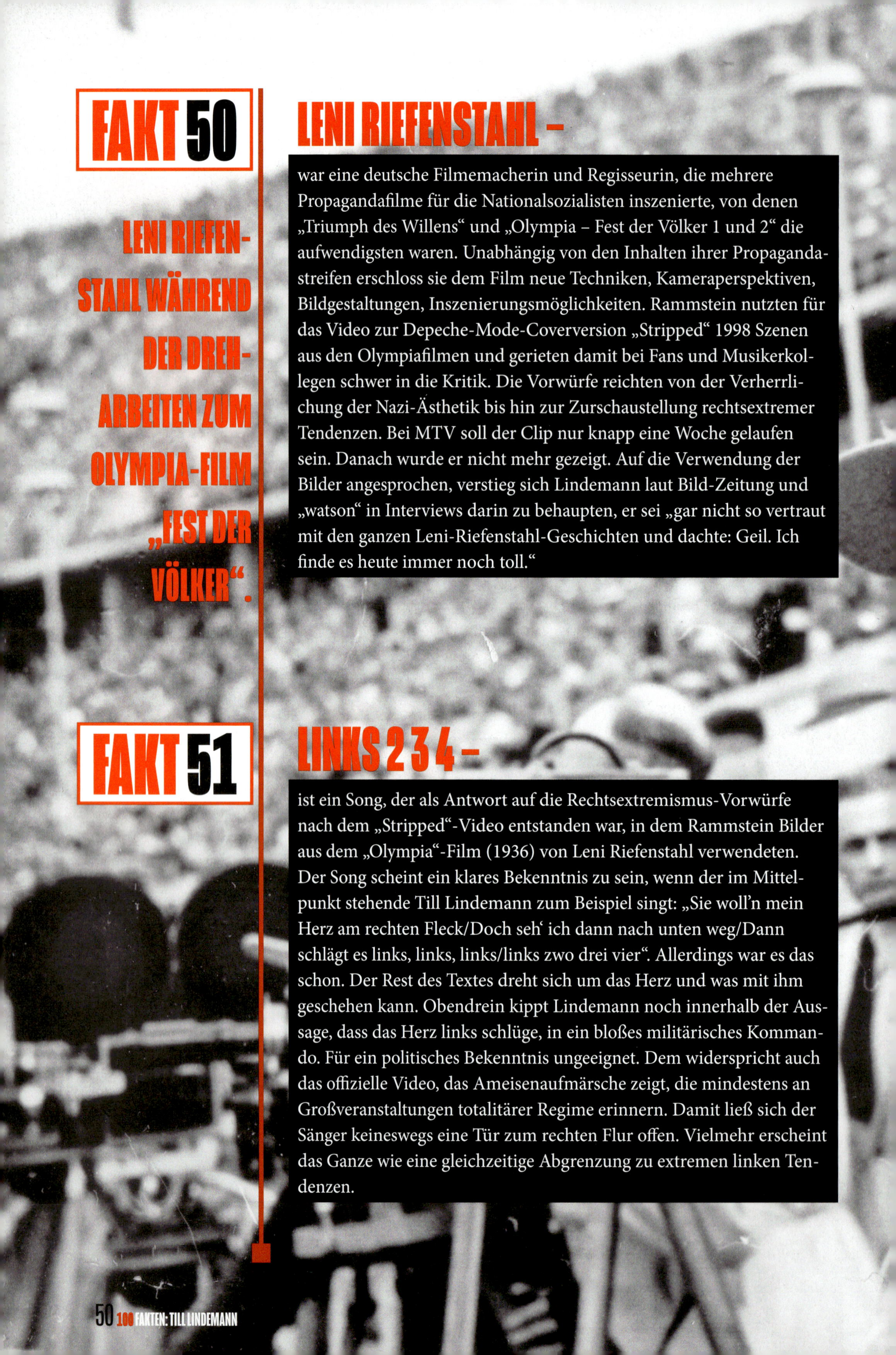

FAKT 50

LENI RIEFENSTAHL WÄHREND DER DREHARBEITEN ZUM OLYMPIA-FILM „FEST DER VÖLKER“.

LENI RIEFENSTAHL –

war eine deutsche Filmemacherin und Regisseurin, die mehrere Propagandafilme für die Nationalsozialisten inszenierte, von denen „Triumph des Willens“ und „Olympia – Fest der Völker 1 und 2“ die aufwendigsten waren. Unabhängig von den Inhalten ihrer Propagandastreifen erschloss sie dem Film neue Techniken, Kameraperspektiven, Bildgestaltungen, Inszenierungsmöglichkeiten. Rammstein nutzten für das Video zur Depeche-Mode-Coverversion „Stripped“ 1998 Szenen aus den Olympiafilmen und gerieten damit bei Fans und Musikerkollegen schwer in die Kritik. Die Vorwürfe reichten von der Verherrlichung der Nazi-Ästhetik bis hin zur Zurschaustellung rechtsextremer Tendenzen. Bei MTV soll der Clip nur knapp eine Woche gelaufen sein. Danach wurde er nicht mehr gezeigt. Auf die Verwendung der Bilder angesprochen, verstieg sich Lindemann laut Bild-Zeitung und „watson“ in Interviews darin zu behaupten, er sei „gar nicht so vertraut mit den ganzen Leni-Riefenstahl-Geschichten und dachte: Geil. Ich finde es heute immer noch toll.“

FAKT 51

LINKS 2 3 4 –

ist ein Song, der als Antwort auf die Rechtsextremismus-Vorwürfe nach dem „Stripped“-Video entstanden war, in dem Rammstein Bilder aus dem „Olympia“-Film (1936) von Leni Riefenstahl verwendeten. Der Song scheint ein klares Bekenntnis zu sein, wenn der im Mittelpunkt stehende Till Lindemann zum Beispiel singt: „Sie woll'n mein Herz am rechten Fleck/Doch seh' ich dann nach unten weg/Dann schlägt es links, links, links/links zwo drei vier“. Allerdings war es das schon. Der Rest des Textes dreht sich um das Herz und was mit ihm geschehen kann. Obendrein kippt Lindemann noch innerhalb der Aussage, dass das Herz links schlüge, in ein bloßes militärisches Kommando. Für ein politisches Bekenntnis ungeeignet. Dem widerspricht auch das offizielle Video, das Ameisenaufmärsche zeigt, die mindestens an Großveranstaltungen totalitärer Regime erinnern. Damit ließ sich der Sänger keineswegs eine Tür zum rechten Flur offen. Vielmehr erscheint das Ganze wie eine gleichzeitige Abgrenzung zu extremen linken Tendenzen.

LUBIMIY GOROD –

war ein in russisch gesungenes Lied, das Till Lindemann 2021 zum Soundtrack für den Kinofilm „Devjatajev“ des kasachischen Regisseurs Timur Bekmambetov beisteuerte. Das Lied stammt von dem russischen Komponisten Nikita Bogoslovsky aus dem Jahr 1939. Den Text hat der sowjetische Dichter Evgenij Dolmatovskij geschrieben. Gemeinsam mit dem Orchester der Nationalgarde sang Lindemann das Stück im September 2021 auf dem Roten Platz in Moskau und erntete prompt Kritik der Putin-Kritiker, die von einer Vereinnahmung des Sängers durch den Kreml sprachen.

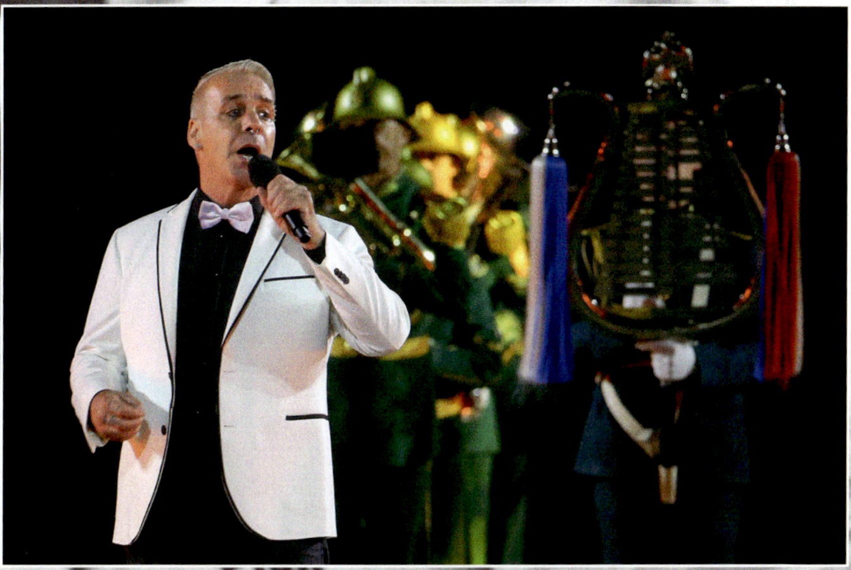

FAKT 52

TILL LINDEMANN AM 4.9.2021 IN MOSKAU BEIM MILITÄR MUSIK FESTIVAL

FAKT 53

LYRIK

Das Rammstein-Aushängeschild entfaltete sich kreativ nicht nur als Sänger, sondern genauso als schreibender Künstler. Damit sind zum einen die Texte der Rammstein-Songs gemeint. Zum anderen hat Lindemann damit für die Band Zeilen zu Papier gebracht. Sondern er schreibt seit 1991 Gedichte und war 2001 in der Textsammlung „Das Unerfreuliche zuerst – Herrengeschichten“ vertreten. Die bekannte Autorin Sybille Berg hatte Beiträge von Männern zum Thema Männer gesammelt und den „Rammsteiner“ mit aufgenommen. Er verfasste eine Art erzählendes Gedicht in zwei Teilen mit dem Titel „Ein Herr über Herren“.
Gert Hof, der Lichtkünstler, der Rammstein live auf der Bühne in Szene setzt, überredete seinen Kumpan Lindemann dazu, seine Gedichte zu veröffentlichen, die der Sänger seit 1995, unabhängig von den Rammstein-Texten, gesammelt hatte. Lindemann zeigte Gert Hof einige seiner Lyrik-Ergebnisse bereits ein paar Monate nach deren erstem Treffen im Herbst 1995. Hof fungierte auch als Herausgeber des Buches und wählte aus über tausend Gedichten diejenigen, die ihm für die Veröffentlichung am geeignetsten erschienen. Dazu kam, dass er den Mann mit dem prägnanten Gesicht speziell für das Buch fotografierte und Bildkompositionen schuf, die die Texte kommentieren und unterstreichen sollten.

FAKT 54

LYRIK – SELBSTEINSCHÄTZUNG

„Das kann etwas Erlebtes, Geträumtes, Gelesenes oder im Fernsehen Gesehenes sein. Es gibt so viel, die Themen liegen ja überall herum“, sagte Till Lindemann 2002 in der Ostsee-Zeitung. Seine Offenheit in Inhalt und Sprache erläuterte er mit den Erwartungshaltungen des Publikums: „Meine Erfahrung ist, dass die Leute bei meinen Texten immer auf ein ‚Mehr, mehr, mehr’ gewartet haben. Irgendwann habe ich gesagt: Gut, jetzt gehe ich von der Vagina direkt zur Fotze über. Es hat auch keinen gestört, wir leben eben in so einer Zeit. Ich finde es trotzdem fantastisch, wenn man solche intimen Dinge lieber durch die Blume sagt. Aber wenn sich beides verbindet – alte Sprache mit diesen knallharten Parolen von heute, dann kriegt es so was Neobarockes. Es ist wie eine alte Säule mit einem Lackanstrich. Es knallt.“ Für ihn seien Gedichte eine absolute Entdeckung gewesen, wenn auch eine späte. Die Gedichte seines Vaters habe er als „ganz furchtbar“ empfunden. Seine Lyrik betrachte er auch als Tabubruch, „obwohl das nicht meine primäre Absicht ist. Andererseits freut man sich schon ein bisschen, dass sich jetzt sicher wieder viele aufregen. Man sollte das mit einem Schmunzeln betrachten und nicht alles so ernst nehmen“.

Lindemann: Bei Songtexten bekomme ich zuerst die Musik und versuche dazu eine Stimmung zu entwickeln. Das läuft viel filigraner und nach ganz anderen Richtlinien. Man muss einen Refrain bedienen, einzelne Wörter finden, versuchen, die Musik mit dem Wort zu unterstützen. Beim Gedicht bin ich völlig frei.
OZ: Was sagten Ihre Rammstein-Kollegen zu Ihren Gedichten?
Lindemann: Wir kennen uns seit 20 Jahren, da ist man einfach befangen. Die würden nie sagen: „Ey, das ist ja geil."

FAKT 55

KLÜTZ IN MECKLENBURG-VORPOMMERN

MECKLENBURG

Betrachtet man das Image von Till Lindemann, kommt er als geradezu klassischer Mecklenburger rüber. Da sich Selbstinszenierung und mediale Darstellungen zum Teil decken, erscheint der grobschlächtige Mann als ein wortkarger und grantelnder Typ – er schnackt nicht, hat aber etwas zu sagen, wenn er den Mund aufmacht. Lindemanns Vorteil ist dabei, dass er sein Innerstes in seinen Texten nach außen kehren kann, ohne dabei in einem ihm unangemessen scheinenden Redefluss um Worte ringen zu müssen. Das Naturburschen-Image, mit dem der Menschenschlag in Mecklenburg vor allem aus den Küstenregionen gern in Verbindung gebracht wird, muss Lindemann nicht konstruieren. Das verkörpert er mit jeder Pore.

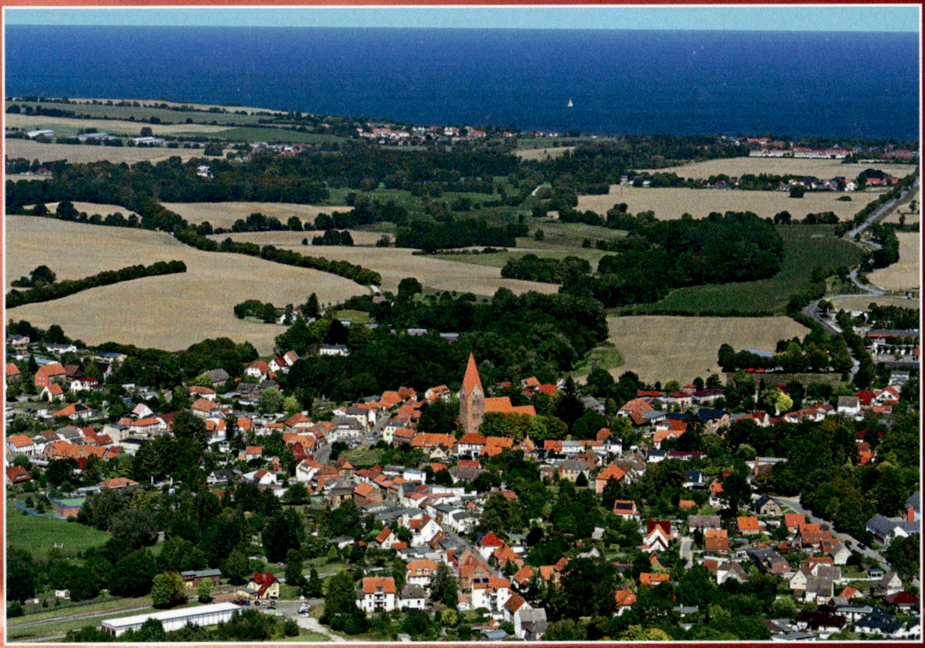

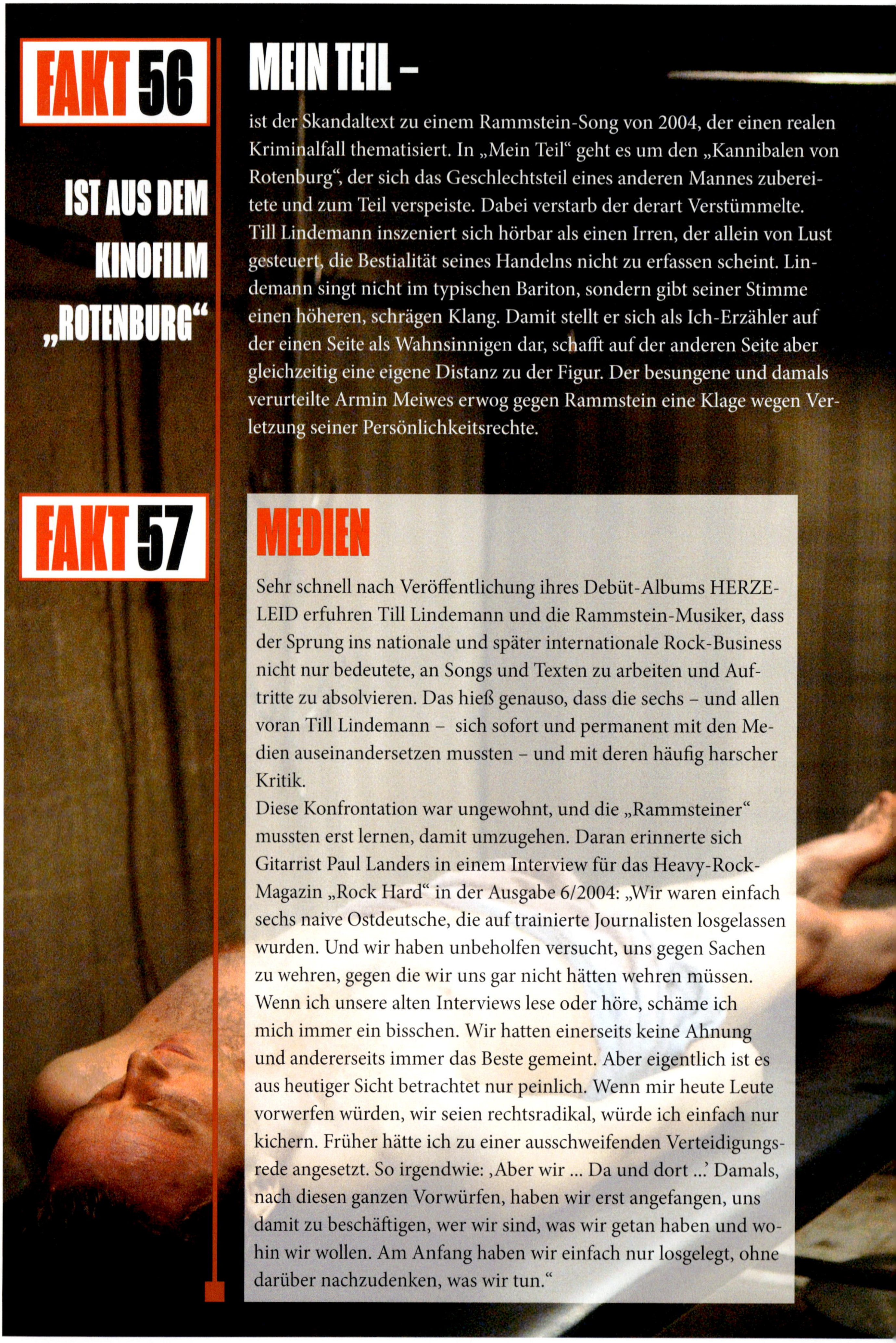

FAKT 56

IST AUS DEM KINOFILM „ROTENBURG"

MEIN TEIL –

ist der Skandaltext zu einem Rammstein-Song von 2004, der einen realen Kriminalfall thematisiert. In „Mein Teil" geht es um den „Kannibalen von Rotenburg", der sich das Geschlechtsteil eines anderen Mannes zubereitete und zum Teil verspeiste. Dabei verstarb der derart Verstümmelte.
Till Lindemann inszeniert sich hörbar als einen Irren, der allein von Lust gesteuert, die Bestialität seines Handelns nicht zu erfassen scheint. Lindemann singt nicht im typischen Bariton, sondern gibt seiner Stimme einen höheren, schrägen Klang. Damit stellt er sich als Ich-Erzähler auf der einen Seite als Wahnsinnigen dar, schafft auf der anderen Seite aber gleichzeitig eine eigene Distanz zu der Figur. Der besungene und damals verurteilte Armin Meiwes erwog gegen Rammstein eine Klage wegen Verletzung seiner Persönlichkeitsrechte.

FAKT 57

MEDIEN

Sehr schnell nach Veröffentlichung ihres Debüt-Albums HERZELEID erfuhren Till Lindemann und die Rammstein-Musiker, dass der Sprung ins nationale und später internationale Rock-Business nicht nur bedeutete, an Songs und Texten zu arbeiten und Auftritte zu absolvieren. Das hieß genauso, dass die sechs – und allen voran Till Lindemann – sich sofort und permanent mit den Medien auseinandersetzen mussten – und mit deren häufig harscher Kritik.
Diese Konfrontation war ungewohnt, und die „Rammsteiner" mussten erst lernen, damit umzugehen. Daran erinnerte sich Gitarrist Paul Landers in einem Interview für das Heavy-Rock-Magazin „Rock Hard" in der Ausgabe 6/2004: „Wir waren einfach sechs naive Ostdeutsche, die auf trainierte Journalisten losgelassen wurden. Und wir haben unbeholfen versucht, uns gegen Sachen zu wehren, gegen die wir uns gar nicht hätten wehren müssen. Wenn ich unsere alten Interviews lese oder höre, schäme ich mich immer ein bisschen. Wir hatten einerseits keine Ahnung und andererseits immer das Beste gemeint. Aber eigentlich ist es aus heutiger Sicht betrachtet nur peinlich. Wenn mir heute Leute vorwerfen würden, wir seien rechtsradikal, würde ich einfach nur kichern. Früher hätte ich zu einer ausschweifenden Verteidigungsrede angesetzt. So irgendwie: ‚Aber wir ... Da und dort ...' Damals, nach diesen ganzen Vorwürfen, haben wir erst angefangen, uns damit zu beschäftigen, wer wir sind, was wir getan haben und wohin wir wollen. Am Anfang haben wir einfach nur losgelegt, ohne darüber nachzudenken, was wir tun."

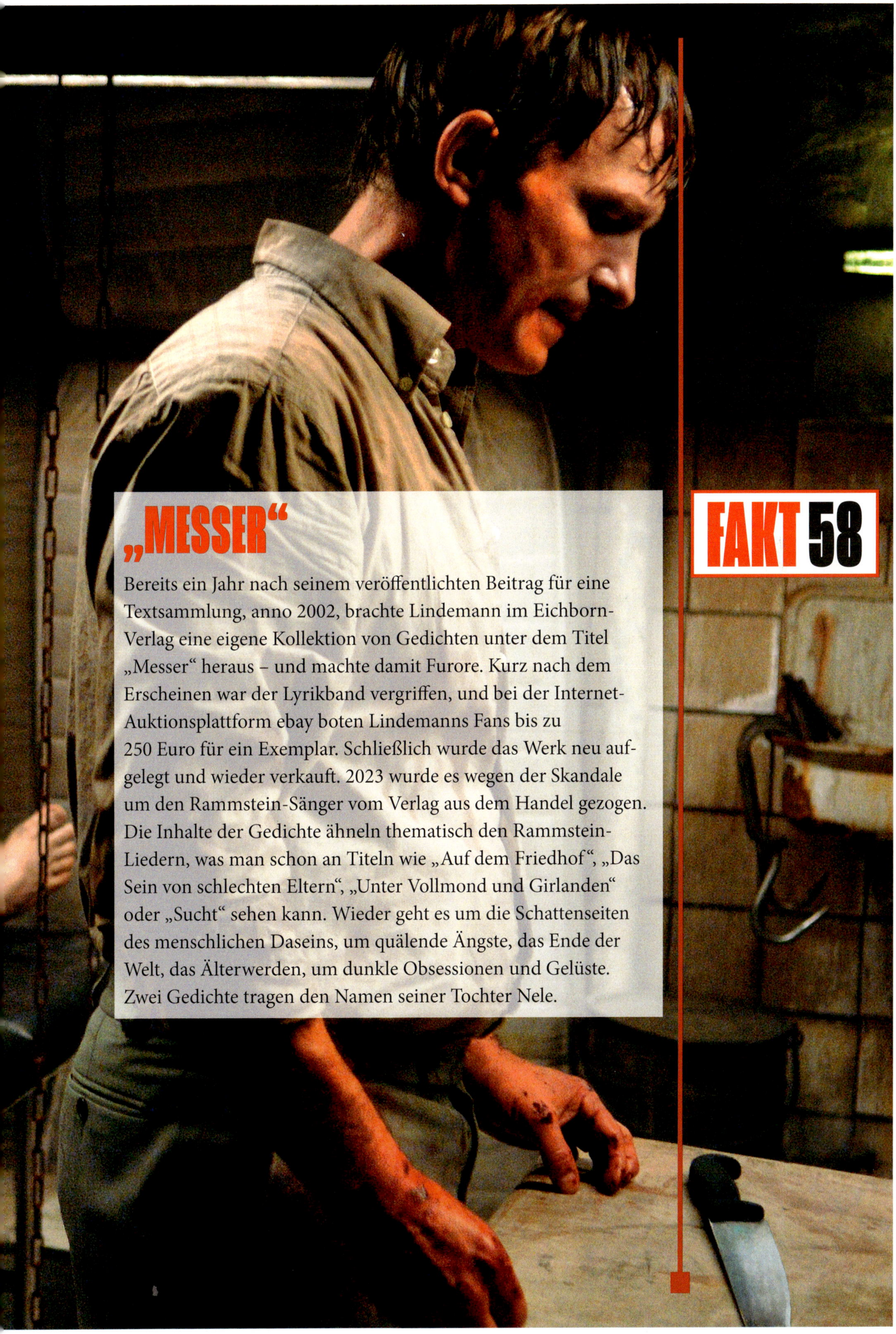

FAKT 58

„MESSER“

Bereits ein Jahr nach seinem veröffentlichten Beitrag für eine Textsammlung, anno 2002, brachte Lindemann im Eichborn-Verlag eine eigene Kollektion von Gedichten unter dem Titel „Messer“ heraus – und machte damit Furore. Kurz nach dem Erscheinen war der Lyrikband vergriffen, und bei der Internet-Auktionsplattform ebay boten Lindemanns Fans bis zu 250 Euro für ein Exemplar. Schließlich wurde das Werk neu aufgelegt und wieder verkauft. 2023 wurde es wegen der Skandale um den Rammstein-Sänger vom Verlag aus dem Handel gezogen. Die Inhalte der Gedichte ähneln thematisch den Rammstein-Liedern, was man schon an Titeln wie „Auf dem Friedhof“, „Das Sein von schlechten Eltern“, „Unter Vollmond und Girlanden“ oder „Sucht“ sehen kann. Wieder geht es um die Schattenseiten des menschlichen Daseins, um quälende Ängste, das Ende der Welt, das Älterwerden, um dunkle Obsessionen und Gelüste. Zwei Gedichte tragen den Namen seiner Tochter Nele.

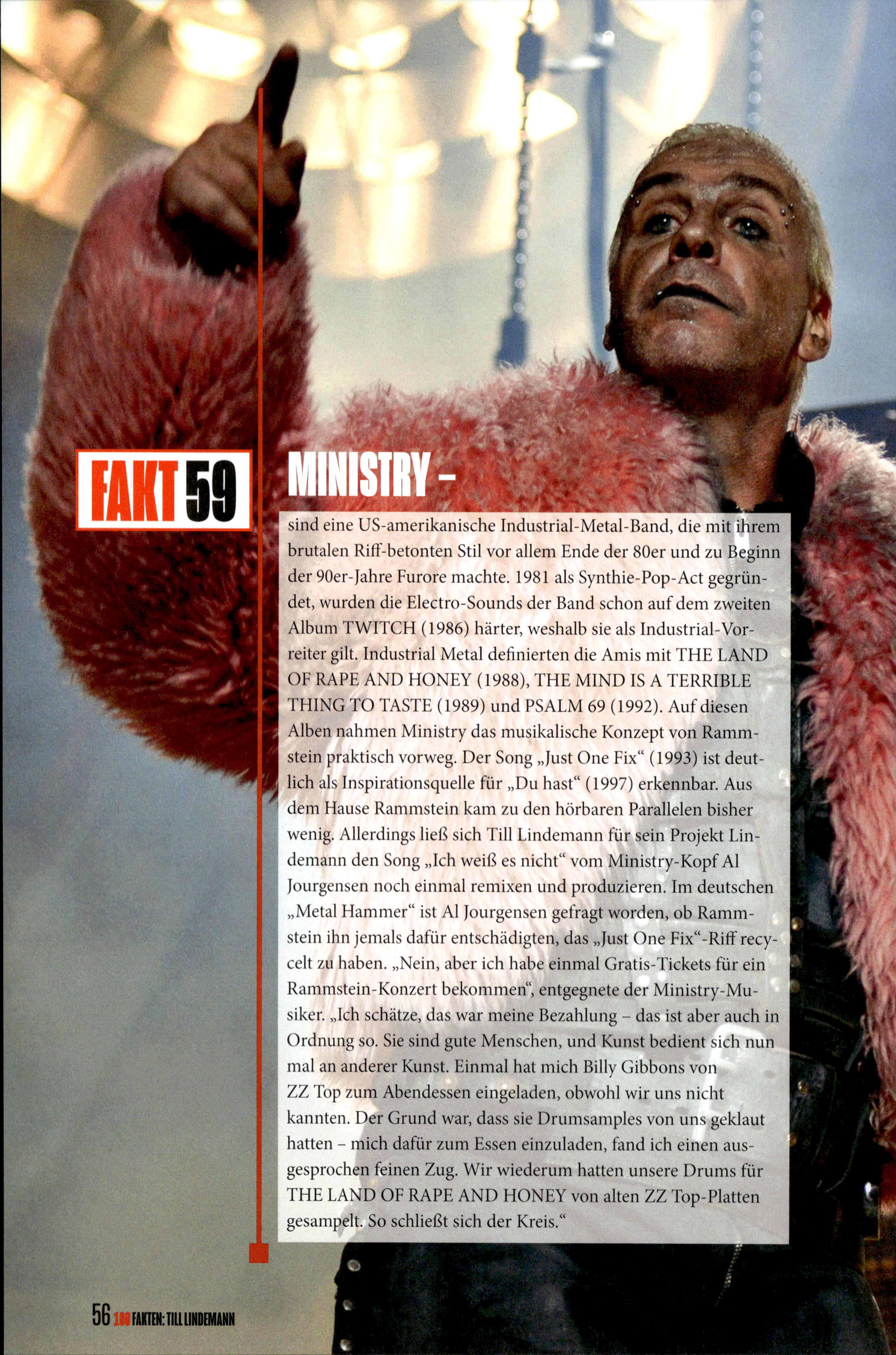

FAKT 59

MINISTRY –

sind eine US-amerikanische Industrial-Metal-Band, die mit ihrem brutalen Riff-betonten Stil vor allem Ende der 80er und zu Beginn der 90er-Jahre Furore machte. 1981 als Synthie-Pop-Act gegründet, wurden die Electro-Sounds der Band schon auf dem zweiten Album TWITCH (1986) härter, weshalb sie als Industrial-Vorreiter gilt. Industrial Metal definierten die Amis mit THE LAND OF RAPE AND HONEY (1988), THE MIND IS A TERRIBLE THING TO TASTE (1989) und PSALM 69 (1992). Auf diesen Alben nahmen Ministry das musikalische Konzept von Rammstein praktisch vorweg. Der Song „Just One Fix" (1993) ist deutlich als Inspirationsquelle für „Du hast" (1997) erkennbar. Aus dem Hause Rammstein kam zu den hörbaren Parallelen bisher wenig. Allerdings ließ sich Till Lindemann für sein Projekt Lindemann den Song „Ich weiß es nicht" vom Ministry-Kopf Al Jourgensen noch einmal remixen und produzieren. Im deutschen „Metal Hammer" ist Al Jourgensen gefragt worden, ob Rammstein ihn jemals dafür entschädigten, das „Just One Fix"-Riff recycelt zu haben. „Nein, aber ich habe einmal Gratis-Tickets für ein Rammstein-Konzert bekommen", entgegnete der Ministry-Musiker. „Ich schätze, das war meine Bezahlung – das ist aber auch in Ordnung so. Sie sind gute Menschen, und Kunst bedient sich nun mal an anderer Kunst. Einmal hat mich Billy Gibbons von ZZ Top zum Abendessen eingeladen, obwohl wir uns nicht kannten. Der Grund war, dass sie Drumsamples von uns geklaut hatten – mich dafür zum Essen einzuladen, fand ich einen ausgesprochen feinen Zug. Wir wiederum hatten unsere Drums für THE LAND OF RAPE AND HONEY von alten ZZ Top-Platten gesampelt. So schließt sich der Kreis."

FAKT 60

MISSBRAUCH

2023 ist Lindemann von diversen Medien mit Vorwürfen sexuellen Missbrauchs konfrontiert worden. Der Rammstein-Sänger hat daraufhin die renommierte Anwaltskanzlei Schertz Bergmann konsultiert, die er gegen Teile der Verdachtsberichterstattung vorgehen ließ. Lindemann und seine Anwälte konnten dabei mehrere Erfolge verbuchen. „NDR" und „Süddeutsche Zeitung" zufolge hat etwa das Landgericht Berlin argumentiert, dass „sexueller Missbrauch" keinem konkreten Straftbestand entspreche. Demnach sei – Zitat – „die Bezeichnung als „Täter" eines sexuellen Missbrauchs nicht mit der Behauptung gleichzusetzen, der Antragsteller sei strafrechtlich verurteilt oder müsse sich auch nur gegen strafrechtliche Vorwürfe verteidigen."

FAKT 61

MORBIDITÄT

Was für Rammstein-Gitarrist Richard Z. Kruspe der akustische Nebenschauplatz Emigrate darstellt, ist für den Rammstein-Frontmann sein Projekt Lindemann. Mit Death-Metal-Schwergewicht Peter Tägtgren hat Lindemann einen kongenial kranken Partner an der Seite. Weit weg von seiner Stammband bewegt sich Lindemann akustisch nicht. Die Musik ist eher und noch mehr an den eisigen Industrial-Elektrorocksound von Tägtgrens Band Pain angelehnt. Natürlich aber mit Lindemann-typischen Vocals versehen.

Wo liegt denn nun eigentlich der Unterschied zwischen Rammstein und dem Projekt Lindemann? Im Humor, der der ganzen Sache trotz aller unüberhörbarer Morbidität innewohnt. Tägtgren und Lindemann haben garantiert einen Heidenspaß daran, Morbidestes ins Absurdeste zu treiben – bis einem das Lachen in der Kehle stecken bleibt. Das gelingt mit ihrem Duo meisterlich! Offiziell existierte es übrigens zwischen Januar 2015 und November 2020, es entstanden zwei Alben, das erste in englischer, das zweite in deutscher Sprache.

AM 1.8.2013
IN WACKEN

FAKT 62

MUSIKER

Lindemann stolperte Mitte der 80er eher zufällig in die DDR-Punkszene. Ende 1985 bekam der spätere Rammstein-Frontmann ein Schlagzeug geschenkt, auf dem er allein und nur für sich autodidaktisch trommelte. Gelegentlich sang er auch während seiner Arbeit als Korbflechter vor sich hin. Lindemann kannte viele Jugendliche, die in Gruppen spielten. Er wollte selbst unbedingt Musik machen. Seinen 23. Geburtstag am 4. Januar 1986 beging er zusammen mit Freunden, die fast ausnahmslos in Amateurrock-bands zugange waren. Dort traf er auf den Gitarristen Jörg E. Mielke, genannt „Steve", mit dem er schon bald jammen sollte: Till an den Drums, Steve am Bass. Da man für bald anstehende Konzerte keine beständigen Mitstreiter fand, half man sich mit ständig wechselnden Kreativen aus. Entsprechend klang jede Show anders, Anarchie war Trumpf.

FAKT 63

NELE

Zwei Gedichte des Bandes „Messer" tragen den Namen von Lindemanns Tochter Nele. In einem Interview vom 2. Februar 2002 mit dem Magazin „Focus" über „Messer" berichtet Lindemann von der Reaktion Neles auf die Texte: „Ich konnte hören, wie sie die Gedichte mit ihrer Freundin kommentierte: ‚Iiih, das ist ja eklig.' Oder auch: ‚Papa, was ist denn mit dir los?' (lacht). Sie kennt halt meine ironische Seite."

PETER TÄGTGREN –

ist ein schwedischer Musiker und Produzent, der sich im Extrem-Metal-Bereich einen klangvollen Namen gemacht hat. Seine bekanntesten Gruppen, die er aus der Taufe hob und mit denen er enorme Erfolge feierte, waren die Melodic-Death-Metal-Band Hypocrisy und das Industrial-Metal-Projekt Pain. Darüber hinaus agierte er in unzähligen Formationen als Kurzzeit- oder Gastmusiker. Seine Produzententätigkeit umfasst einige der bekanntesten Bands aus den unterschiedlichsten Extrem-Metal-Genres. Gemeinsam mit Till Lindemann gründete er das musikalische Unternehmen Lindemann. Darin sorgte er für die Kompositionen und die Produktion, während Lindemann die Texte schrieb. Als das Duo sich 2020 trennte, drückte Tägtgren gegenüber dem „Scars and Guitars"-Podcast sein Bedauern über den Split aus. „Wir hatten eine fantastische Chemie", sagte Tägtgren. „Wir brauchten uns nur anzuschauen und dann haben wir angefangen, Musik zu schreiben. So einfach war das. Der einfachste Teil war die Arbeit im Studio. Wir hätten jedes Jahr hunderte von Songs schreiben können, weil wir so viele Ideen hatten und es bei uns einfach Klick gemacht hat … Wir hätten eine der größten Bands der Welt werden können, wenn wir weitergemacht hätten, das sage ich euch. Es war der Wahnsinn. Ich kümmerte mich um die Musik, und er kümmerte sich um das Image. Und dazwischen haben wir uns gegenseitig geholfen, sozusagen." Auf die Frage, ob er und Lindemann immer noch Freunde seien, meinte Tägtren: „Nicht wirklich." Den Grund für die Trennung gab der Schwede mit der letzten gemeinsamen Konzert-Tournee an, die – so wörtlich – „nicht mein Ding" gewesen sei.

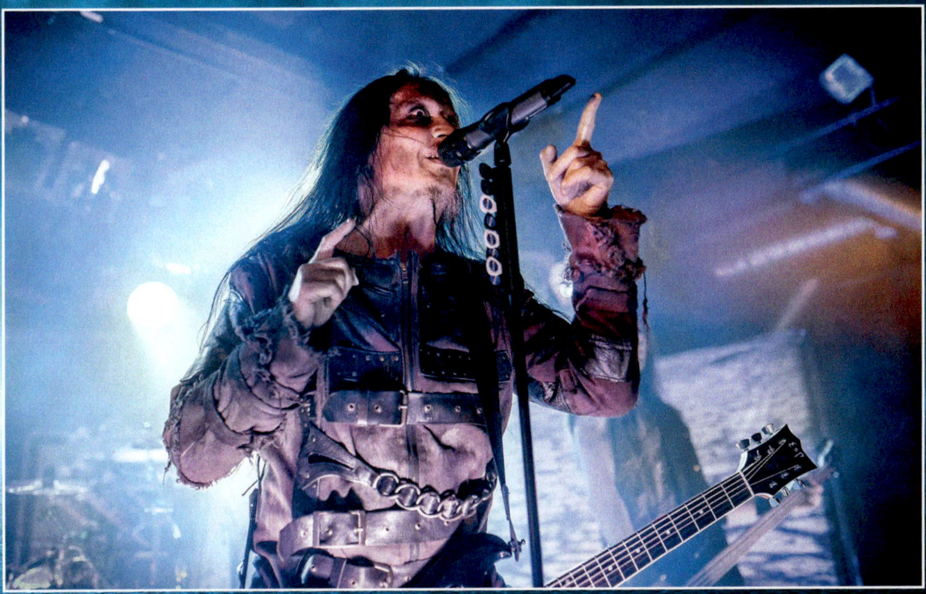

FAKT 64

PETER TÄGTGREN AM 27.1.2017 IN OSLO

FAKT 65

POLITIK

Die heftigsten Reaktionen auf Lindemann & Co. kommen medial seit jeher aus den USA. So vermeldete das Internet-Magazin laut.de am 25. Januar 2001 von der Diskussion über den Titel „Links 2 3 4“ vom Album MUTTER: „Nicht nur auf MTV wird diskutiert, ob man ‚Links' als politisches Statement verstehen dürfe. Der US-Sender zitiert eine ‚der Band nahestehende Quelle' mit den Worten: In ‚Links' gehe es ‚hauptsächlich um Faschismus'. Der Song ‚erinnert stark an einen Nazi-Marsch', behauptet MTV weiter und schließt daraus, dass die Ost-Berliner mit ihrem neuen Album wieder heftige Querelen auslösen werden. Dabei bezieht sich MTV unter anderem auf die Diskussion, die in den USA nach dem Massaker mit 15 Toten und 23 Verletzten in einer kleinstädtischen High School im US-Bundesstaat Colorado geführt worden war: ‚Attentäter waren Rammstein-Fans', lauteten damals die Schlagzeilen.“

Und in der nächsten Meldung von laut.de am 29. Januar 2001 kam schließlich die Nachricht, dass das Video in den USA verboten worden war: „In den vergangenen Wochen wurde die aktuelle Rammstein-Single ‚Links 2 3 4' an diverse US-Radiostationen ausgeliefert, doch statt der erhofften Medienpräsenz gab's von den amerikanischen Sendern eine Abfuhr: ‚Der Chorus ‚Links 2 3 4' klingt den Amis zu sehr nach ‚Nazi Marsch'!“

Im Ausland existiert auf der Negativseite vor allem das Bild, dass Rammstein faschistisch gesinnt seien. So schrieb die Jerusalem Post in der Meldung über die geschändete jüdische Synagoge in ihrer Beschreibung von Rammstein am 4. Mai 2006, die Gruppe sei eine (übersetzt) „deutsche Black-Metal-Band, die oft mit Neonazi-Punk-Jugendlichen in Verbindung gebracht wird“.

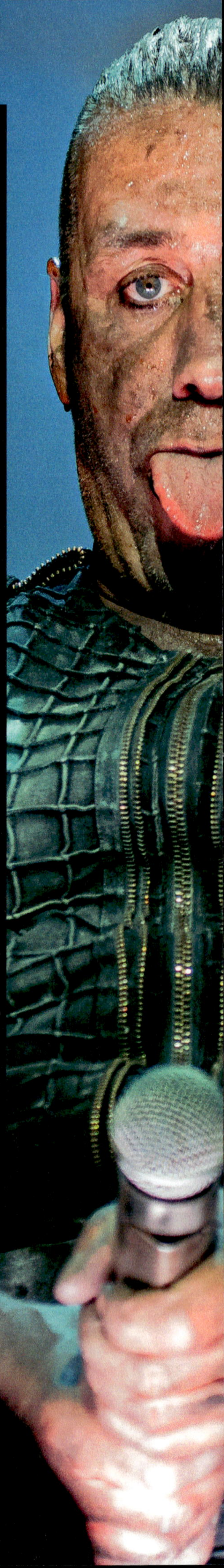

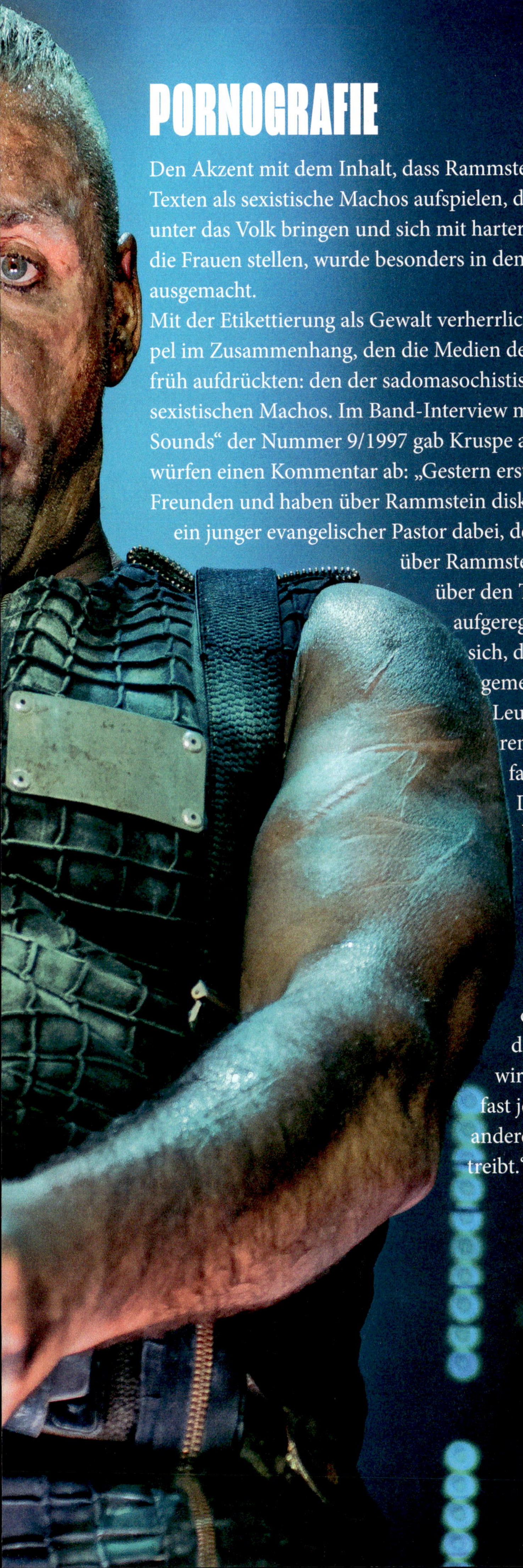

PORNOGRAFIE

Den Akzent mit dem Inhalt, dass Rammstein sich in ihren Texten als sexistische Machos aufspielen, die S/M-Fantasien unter das Volk bringen und sich mit harter Männlichkeit über die Frauen stellen, wurde besonders in den deutschen Medien ausgemacht.

Mit der Etikettierung als Gewalt verherrlichend steht ein Stempel im Zusammenhang, den die Medien der Band schon sehr früh aufdrückten: den der sadomasochistischen Lüstlinge und sexistischen Machos. Im Band-Interview mit „Musikexpress/Sounds“ der Nummer 9/1997 gab Kruspe auch zu diesen Vorwürfen einen Kommentar ab: „Gestern erst waren wir bei Freunden und haben über Rammstein diskutiert. Da war auch ein junger evangelischer Pastor dabei, der sich fürchterlich über Rammstein und vor allem über den Text von ‚Bück Dich‘ aufgeregt hat. Er beklagte sich, dass in seiner Jugendgemeinde immer mehr Leute Rammstein hören und somit auf den falschen Weg kommen. Der Abend wurde länger und länger, sie tranken mehr und mehr – und irgendwann stellte sich heraus, dass der Pastor selbst der Einzige in der Runde war, der diesen ‚Bück Dich‘-Sex wirklich lebt und der es fast jede Nacht mit einer anderen Frau auf diese Art treibt.“

FAKT 66

LIVE IN HORSENS, DÄNEMARK, AM 25.5.2017

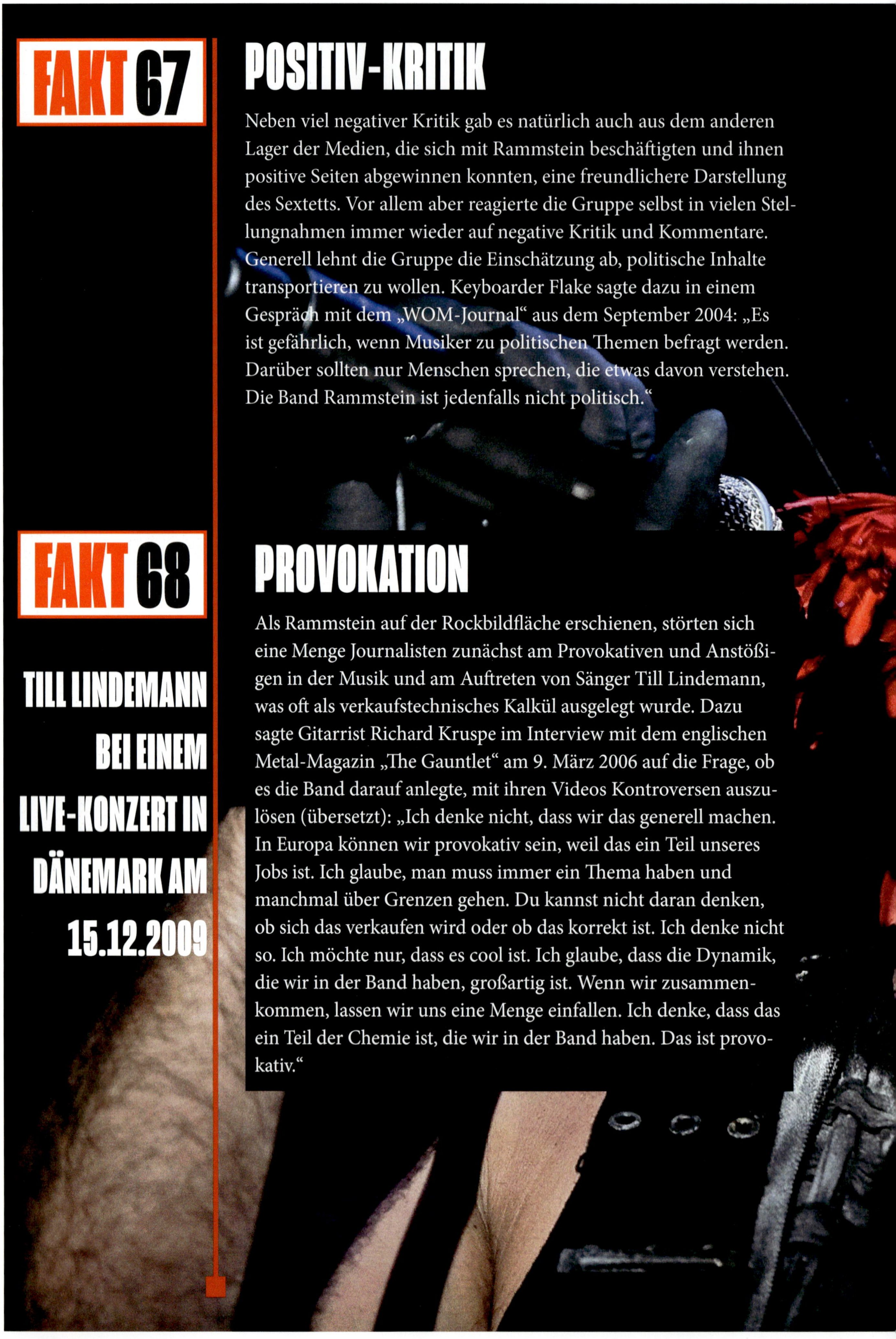

FAKT 67

POSITIV-KRITIK

Neben viel negativer Kritik gab es natürlich auch aus dem anderen Lager der Medien, die sich mit Rammstein beschäftigten und ihnen positive Seiten abgewinnen konnten, eine freundlichere Darstellung des Sextetts. Vor allem aber reagierte die Gruppe selbst in vielen Stellungnahmen immer wieder auf negative Kritik und Kommentare. Generell lehnt die Gruppe die Einschätzung ab, politische Inhalte transportieren zu wollen. Keyboarder Flake sagte dazu in einem Gespräch mit dem „WOM-Journal“ aus dem September 2004: „Es ist gefährlich, wenn Musiker zu politischen Themen befragt werden. Darüber sollten nur Menschen sprechen, die etwas davon verstehen. Die Band Rammstein ist jedenfalls nicht politisch.“

FAKT 68

TILL LINDEMANN BEI EINEM LIVE-KONZERT IN DÄNEMARK AM 15.12.2009

PROVOKATION

Als Rammstein auf der Rockbildfläche erschienen, störten sich eine Menge Journalisten zunächst am Provokativen und Anstößigen in der Musik und am Auftreten von Sänger Till Lindemann, was oft als verkaufstechnisches Kalkül ausgelegt wurde. Dazu sagte Gitarrist Richard Kruspe im Interview mit dem englischen Metal-Magazin „The Gauntlet“ am 9. März 2006 auf die Frage, ob es die Band darauf anlegte, mit ihren Videos Kontroversen auszulösen (übersetzt): „Ich denke nicht, dass wir das generell machen. In Europa können wir provokativ sein, weil das ein Teil unseres Jobs ist. Ich glaube, man muss immer ein Thema haben und manchmal über Grenzen gehen. Du kannst nicht daran denken, ob sich das verkaufen wird oder ob das korrekt ist. Ich denke nicht so. Ich möchte nur, dass es cool ist. Ich glaube, dass die Dynamik, die wir in der Band haben, großartig ist. Wenn wir zusammenkommen, lassen wir uns eine Menge einfallen. Ich denke, dass das ein Teil der Chemie ist, die wir in der Band haben. Das ist provokativ.“

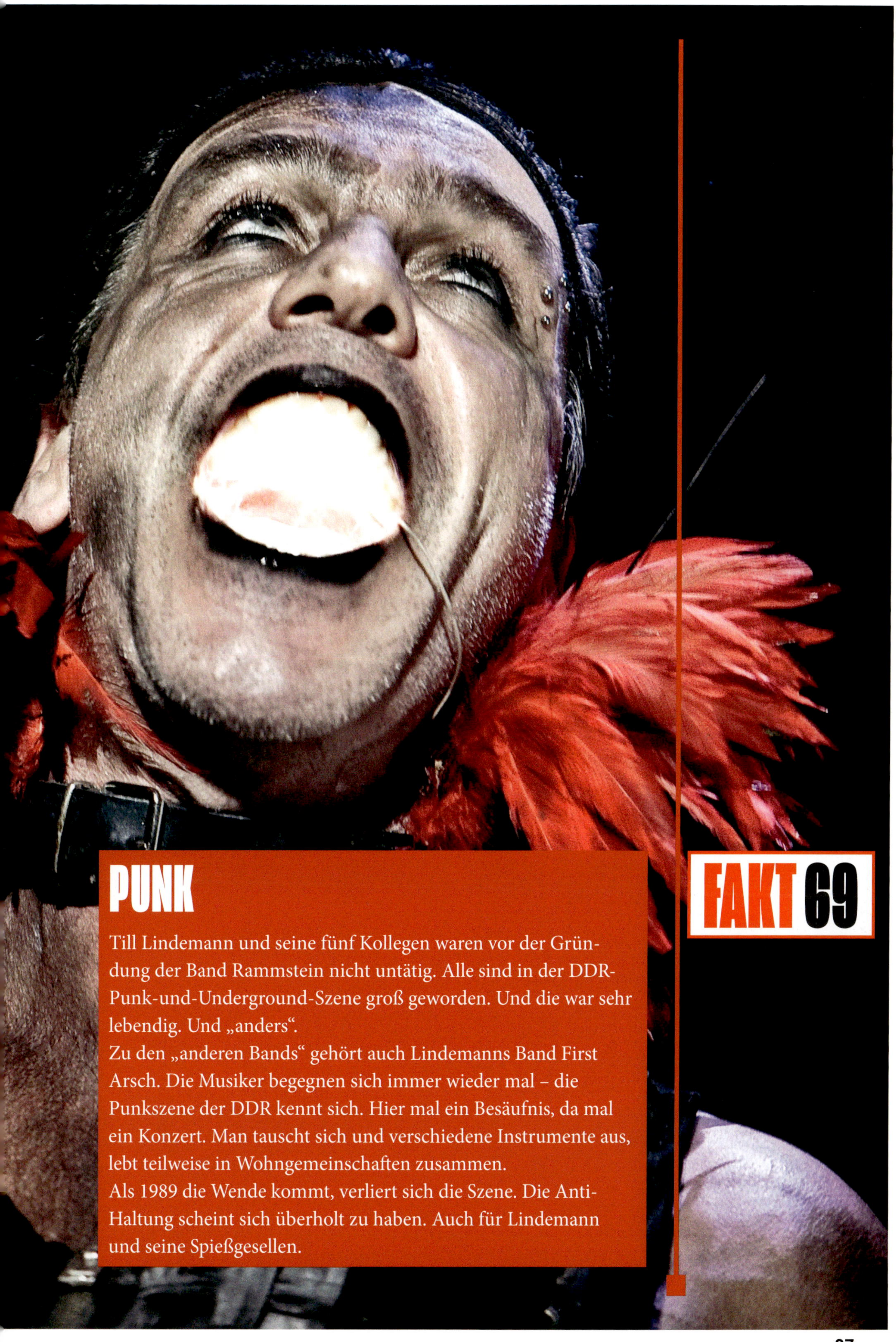

PUNK

Till Lindemann und seine fünf Kollegen waren vor der Gründung der Band Rammstein nicht untätig. Alle sind in der DDR-Punk-und-Underground-Szene groß geworden. Und die war sehr lebendig. Und „anders".
Zu den „anderen Bands" gehört auch Lindemanns Band First Arsch. Die Musiker begegnen sich immer wieder mal – die Punkszene der DDR kennt sich. Hier mal ein Besäufnis, da mal ein Konzert. Man tauscht sich und verschiedene Instrumente aus, lebt teilweise in Wohngemeinschaften zusammen.
Als 1989 die Wende kommt, verliert sich die Szene. Die Anti-Haltung scheint sich überholt zu haben. Auch für Lindemann und seine Spießgesellen.

FAKT 69

FAKT 70

RECHTSEXTREMISMUS

Seit jeher stehen Lindemann und seine Band im Verdacht, rechtsradikal und faschistisch orientiert zu sein. Genau das ist der unsäglich oft durchgehechelte Vorwurf, der Rammstein, seitdem sie 1995 in der Musiklandschaft aufgetaucht sind, hauptsächlich und immer wieder um die Ohren geschlagen wurde.

Es existiert eine Vielzahl von Berichten und Kommentaren zu dieser Einschätzung, dass Rammstein mit dem Nazismus und dem Faschismus liebäugelten. Mit der vermuteten rechten Ästhetik der Band beschäftigte sich z. B. die „Stuttgarter Zeitung" vom 23. August 2001 in der CD-Kritik des Albums MUTTER: „Auch das ‚ironische' Spiel mit Heldenmythen und verbaler NS-Ästhetik geht auf MUTTER munter weiter, sei es Sonnenkult (Sonne) oder Inszenierung der Konzerte als Rammsparteitag (Ich will)." Und weiter heißt es dort: „Ob Rammstein das Spiel mit rechter Ästhetik aus Überzeugung oder kaltem Kalkül spielen, bleibt unklar. Eines kann man mit Sicherheit sagen: das Prinzip der Ironie ist dieser Band völlig fremd. (...) Auch wenn einem die Inhalte widerstreben oder einfach nur zu flach und pathetisch sind: Rammstein faszinieren ob ihrer perfekten Inszenierung. Wie Reichsparteitage. Die waren bestimmt auch ironisch gemeint."

Mit dieser Kritik einher ging der Vorwurf, dass sich die Rammstein-Mitglieder als starke Männer darstellten, und zwar ähnlich dem maskulinen Körperkult der Nazis, wie die „Neue Musikzeitung" in ihrer Ausgabe 3/2003 schrieb: „Das von der Band vermittelte Männerbild, das auf Stärke und Härte zielt, also eine Art sozialdarwinistisches ‚Survival of the fittest' anklingen lässt, propagiert zwar keine rechte Ideologie, sehr wohl aber den nationalsozialistischen Typ vom ‚idealen' Körper." Und auch die „Stuttgarter Zeitung" vom 23. August 2001 stellte in ihrer Rezension zum Album MUTTER mit ironisch-sarkastischem Unterton fest: „Leiden gehört zum großen Pathos, zum Mythos vom harten Mann. Denn das sind sie zweifellos, die sechs Männer von Rammstein. Darum können sie den Frauen auch zeigen, wo der Bartel den Most holt."

ROLAND KAISER –

ist ein deutscher Schlagersänger, der Ende der 70er seinen Durchbruch feierte („Sieben Fässer Wein"). Er gehört zu den wenigen Stars von einst, die bis heute Tausende in ihre Konzerte locken und sich über beachtliche Verkäufe ihrer Tonträger freuen können. Mit „Ich weiß alles" erschien 2014 auf Kaisers CD SEELENBAHNEN ein Lied, zu dem Lindemann den Text geschrieben hatte. Gegenüber ntv erklärte der Rammstein-Sänger, dass er Roland Kaiser einmal bei einem Konzert in Schwerin backstage besucht habe. Dort habe der Schlagerstar ihn aufgefordert, ihm einen Text zu schreiben. „Da habe ich kurzerhand überlegt und ihm gesagt: „Ich habe schon einen für dich."", sagte Lindemann in dem Interview. „Er hat ihn dann so genommen, ohne etwas zu ändern." In dem Gespräch outete sich Lindemann auch als jemand, der die Musik von Roland Kaiser durchaus mag. „Ich erinnere mich immer gerne an die Zeit zurück in dem Dorf, wo wir seine Musik gehört haben. Ich erinnere mich auch noch an die Gerüche von damals. Im Sommer sind wir selten nach Hause gegangen, sondern haben in den Feldern geschlafen. Natürlich sagen viele Leute: ‚Ist der Lindemann bekloppt, der mag Roland Kaiser.' Doch dafür schäme ich mich nicht, er nimmt einen großen Platz in meinem Leben ein."

FAKT 71

ROLAND KAISER AM 29.4.2023 AUF DER LEIPZIGER BUCHMESSE

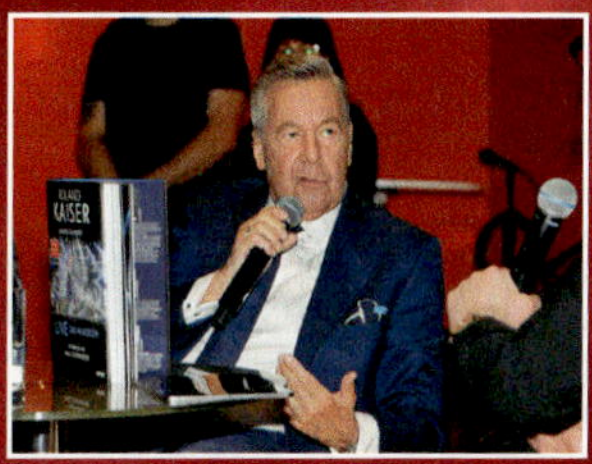

RRRRR

Das gerollte „R" im Gesangsvortrag ist eines von Lindemanns Markenzeichen. Es gab immer wieder Kritiker, die diese Eigenheit als Indiz für eine rechte Gesinnung gesehen haben wollten, da auch Adolf Hitler das „R" gerollt hat. Allerdings handelt es sich dabei vor allem um ein sprachliches Phänomen: Zum einen werden die Worte härter, zum anderen erhöht es die Textverständlichkeit. Da das „R" obendrein generell im Rachen gebildet wird, ist es für einen Sänger leichter, diesen Buchstaben hörbar zu machen, wenn er ihn mit der Zunge rollt. Vorausgesetzt, dass er diese Technik beherrscht. Ein berühmter Vokalist, der das „R" rollte und völlig außerhalb jeglicher Verdächtigungen steht, er könnte rechts sein, war der kommunistische Sänger von Arbeiter- und Kampfliedern, Ernst Busch.

FAKT 72

FAKT 73

RUHM

Die Brachial-Combo Rammstein hält sich auf ihren Liveshows nicht mit Pyrotechnik-Einlagen zurück, was auch entscheidend war für ihren unglaublichen Erfolg. Mittendrin: Sänger Till Lindemann. Der gebürtige Sachse spaltet mit seinen Texten die Gemüter, hat der Band aber auch ein Gesicht mit Wiedererkennungswert verpasst. International gilt Rammstein als mitunter erfolgreichster deutscher Kultur-Export, was Live-Shows angeht. Auch ihre Videos sind stets aufwendig und monumental produziert. Sämtliche ihrer acht bisher erschienenen Studioalben enterten die Pole Position der Charts in Deutschland und Österreich.

FAKT 74

RUSSLAND –

ist für Till Lindemann ein wichtiger Ort. Laut englischem „Kerrang!“ soll er als Zehnjähriger als Schwimmtalent mit einer Kinder- und Jugendmannschaft der DDR 1973 zum ersten Mal die Sowjetunion besucht haben. Mit Rammstein feierte Lindemann nach anfänglichen Startschwierigkeiten (abgesagte Konzerte, Kritik an obszöner Show) unfassbare Erfolge. Die Fans sind hingebungsvoll, treu und entfesselt. Das Verhältnis zwischen Lindemann und den Russen unterlag aber immer wieder einigen Störungen. Da war die kurzzeitige Verhaftung wegen des Verstoßes gegen Corona-Maßnahmen, das von einem russischen iPhone-Hersteller manipulierte Foto, das Lindemann mit einem Putin-T-Shirt zeigte oder die Absage von Russlandkonzerten, nachdem Russland 2022 mit regulären Truppen in die Ukraine einmarschiert war. Der „Komsomolskaja Prawda“ soll Lindemann laut MDR aber einmal gesagt haben, dass er sich durchaus vorstellen könne, die russische Staatsbürgerschaft anzunehmen. Begründung: „Damit mich jeder nach Russland einladen kann und ich mich nicht mit der Bürokratie bei der Einreise quälen muss.“

PRÄSENTATION DES LYRIKBANDES „IN STILLEN NÄCHTEN“ AM 20.6.2017 IN ST. PETERSBURG

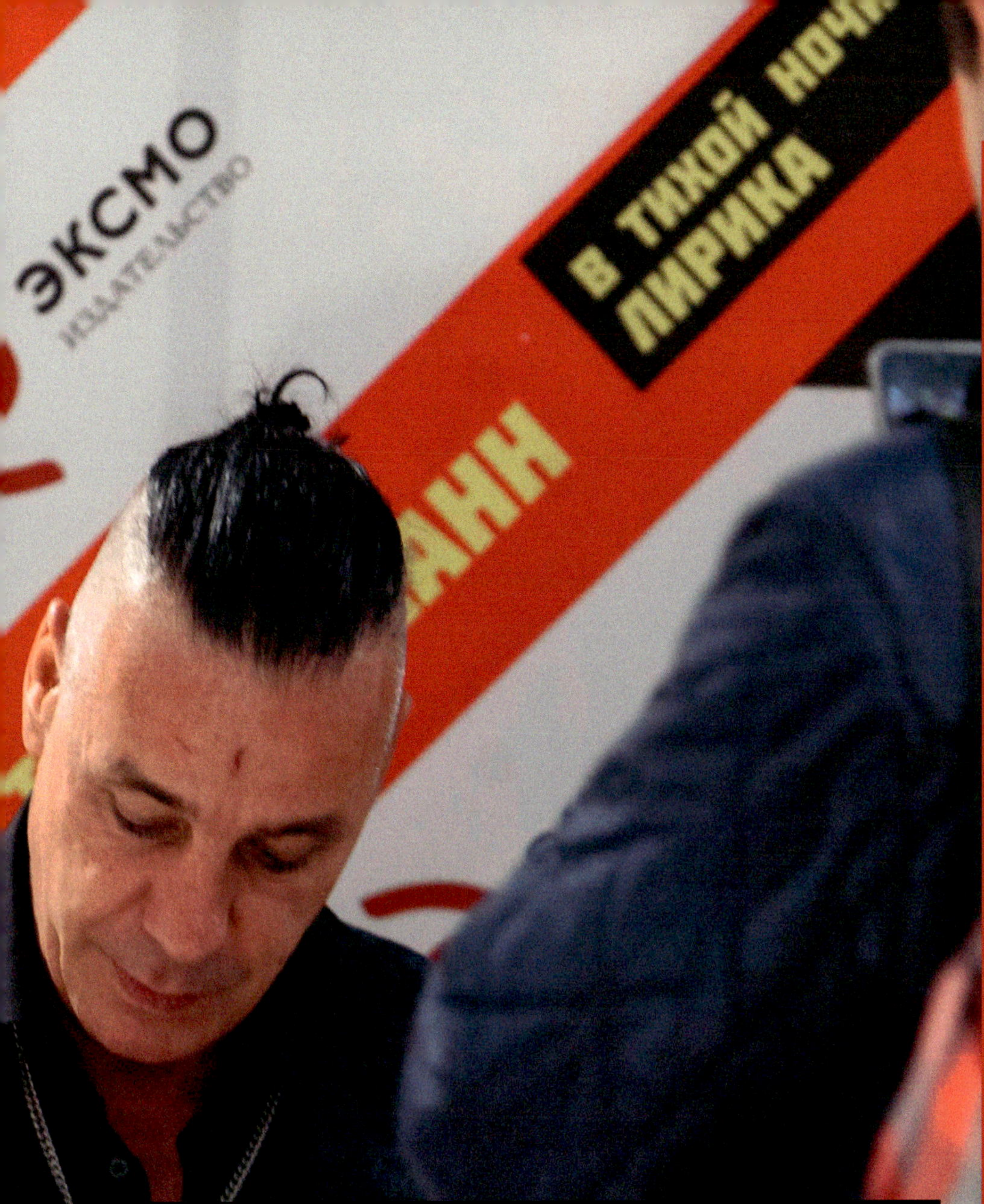

SCHAUSPIELER

Ohne Zweifel hat Lindemann schauspielerisches Talent. In den Clips von Rammstein, in den Lindemann-Filmen und den Videos unter dem Banner Till Lindemann spielt sich der Sänger manchmal buchstäblich die Seele aus dem Leib. Psychopath, Mörder, Wahnsinniger, Gewalttäter, Biedermann, Untertan, KZ-Häftling, Mafia-Boss, Kannibale, Witzfigur – Lindemann füllt seine Rollen mit Leidenschaft. In den zahlreichen, meist extrem brutalen, oft abartigen Filmen, setzt sich der Künstler manchmal Situationen aus, die andere vermutlich nicht einmal über sich ergehen lassen würden, wenn es um den Gewinn einer riesigen Summe Geld ginge. Auch auf der Bühne ist Lindemann unentwegt im Schauspielermodus. Darüber hinaus kann der Rammstein-Frontmann bereits auf eine kleine Filmografie blicken, zu der sogar ein Kinderfilm gehört („Amundsen der Pinguin“, 2003). Außerdem hatte er kleinere Rollen in „Pola X“ (1999), „xXx – Triple X“ (2002), „Vinzent“ (2004).

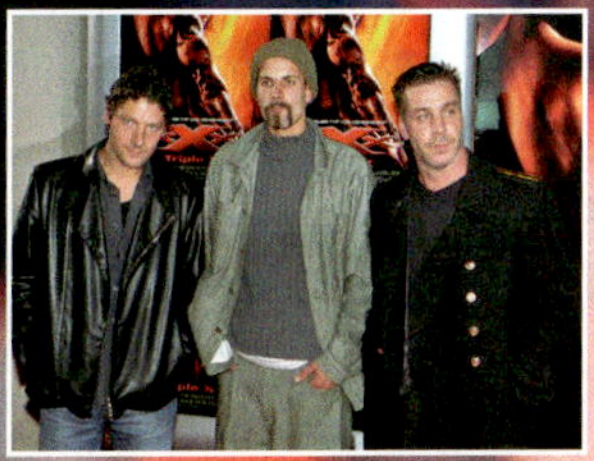

FAKT 75

CHRISTOPH SCHNEIDER, OLIVER RIEDEL, TILL LINDEMANN V.L.N.R. AM 8.10.2002 IM CINEMAXX IN BERLIN

FAKT 76

SCHILLER UND GOETHE –

soll Lindemann schon als Jugendlicher gelesen haben. Das kann man als Mär abtun, wird von der Lyrik des Sängers aber eines Besseren belehrt. In seinen Texten zitiert er gern direkt oder indirekt die deutschen Klassiker. Laut „Neue Zürcher Zeitung" lässt sich der Dichter Lindemann auch von Bertolt Brecht, E.T.A. Hofmann, Joseph von Eichendorff oder Theodor Fontane inspirieren.

FAKT 77

SCHULZEIT

Der junge Lindemann interessierte sich nicht besonders für die Schule, was sich auch nicht änderte, als er 1977 in ein Internat gesteckt wurde, auf dem er bis 1980 blieb. Zuvor war er in eben jener „halbtags"-Schüler. Es handelt sich um eine Kinder- und Jugendsportschule in Rostock. In jener Zeit seines Lebens als Teenager schwamm Lindemann leistungsmäßig für SC Empor Rostock. Zunächst eher widerwillig, später mit sichtlich großem Vergnügen.

FAKT 78

SCHWERIN –

ist die Landeshauptstadt von Mecklenburg-Vorpommern, die als Bezirksstadt der DDR für Till Lindemann in den 80ern Lebensmittelpunkt war. In Wendisch-Rambow am Schweriner See aufgewachsen, tobte sich Lindemann ab Mitte der 80er mit der Punk-Band First Arsch vor allem in Schwerin aus. In Wendisch-Rambow soll er immer noch ein Anwesen haben.

SCHWESTER

FAKT 79

Lindemann hat eine jüngere Schwester namens Saskia, die mit ihm laut „Dresdner Neueste Nachrichten" gemeinsam in einem Haus lebt – oder zumindest ein gemeinsames Gehöft bewohnt.

SEXUELLE VORLIEBEN –

FAKT 80

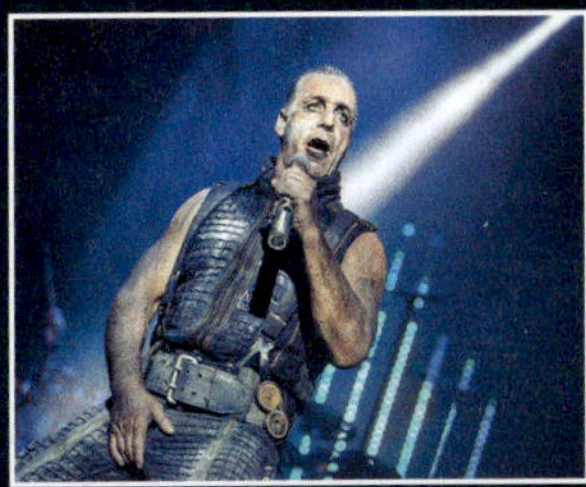

sind Dauerthema seiner Videos, worin er provoziert und mit denen er gezielt spielt. Dabei geht es darin oft brutal zu: Er tritt kontrollierend auf, die jeweiligen Akteure scheinen ihm willig zugetan und lassen die Dinge im Video über sich ergehen – oder vergehen in ihrer masochistischen Neigung vor Lust. Auch wenn es natürlich künstlerisch überhöht ist, treibt der Sänger im Video zu „Platz eins" – ein Song des Projektes Lindemann – die Provokation auf die Spitze: Offenbar in der Rolle eines Hotelpagen nähert er sich jungen Frauen, die in der Herberge einchecken, betäubt diese und sperrt sie im Keller des Hauses wahlweise in Käfige oder schließt sie in Frontlader Waschmaschinen ein. Das Ganze endet in einer extrem aufgeladenen Szenerie, in der Lindemann die Frauen vor sich kriechen lässt – und es fließt reichlich Blut.

SING-STIMME

FAKT 81

Till Lindemann ist im klassischen Sinne ein Bass. Dieser klingt aber nie warm, in tieferen Lagen eher gepresst. In den Anfangsjahren von Rammstein hatte Lindemann manchmal Mühe, in der Tiefe die richtigen Töne zu treffen, was in Live-Aufnahmen dokumentiert ist. Mittlerweile ist er aber längst ein ziemlich sicherer Sänger geworden und in der Lage, die selbst gewählten Tonlagen zu erreichen. Wenn Till Lindemann mit seiner Stimme höhere Noten nutzt, entsteht der Effekt, dass seine Stimme leicht wackelt, was manchmal den Eindruck des Irrsinns erzeugt, an anderen Stellen wiederum eine gebrochene Seele suggeriert. Außergewöhnlich bleibt Lindemanns Stimme allemal – trotz der vielen Bass- und Bariton-Vokalisten, die über die Jahre versuchten, Rammstein zu kopieren oder sich ihres Stils bedienten.

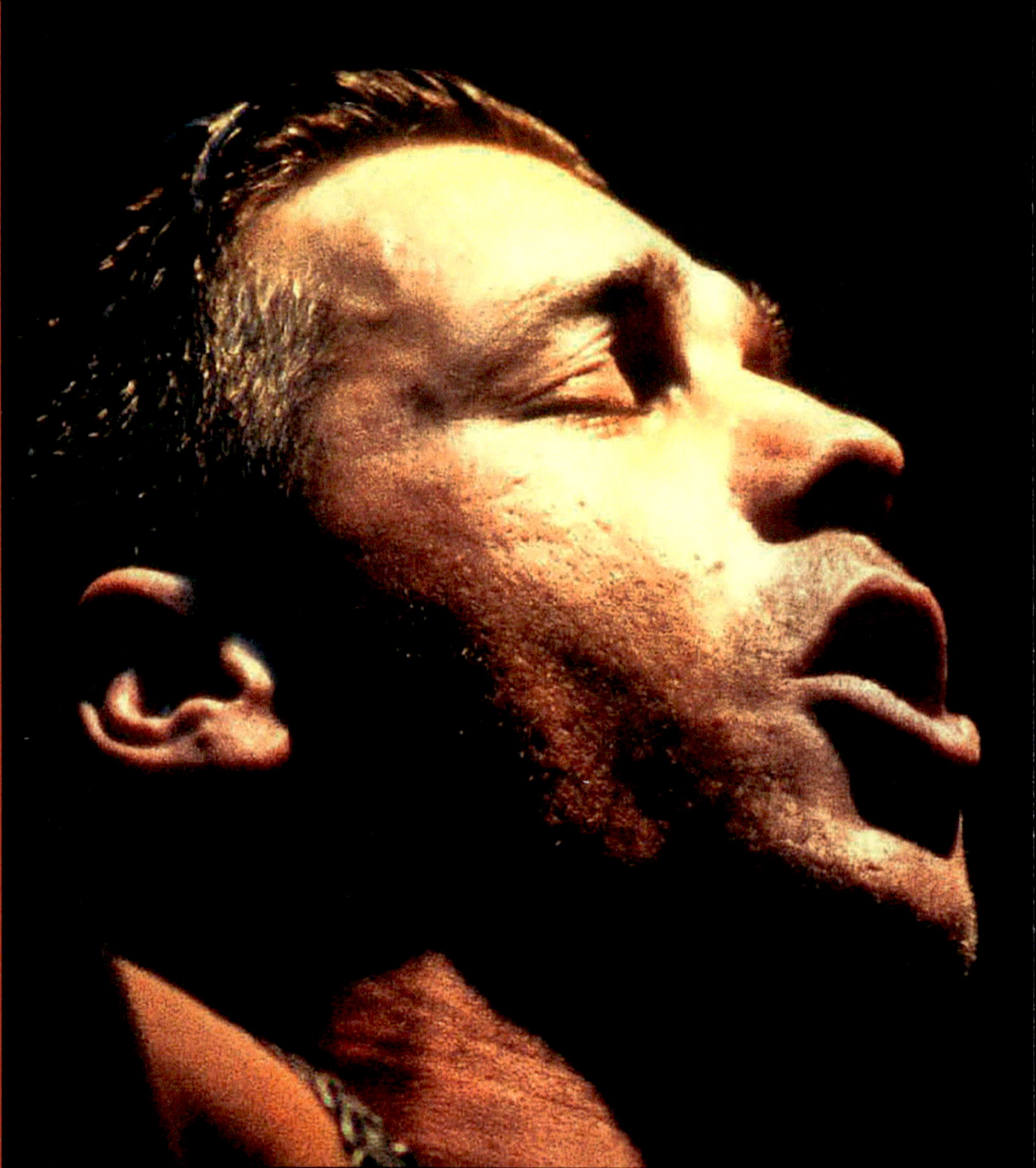

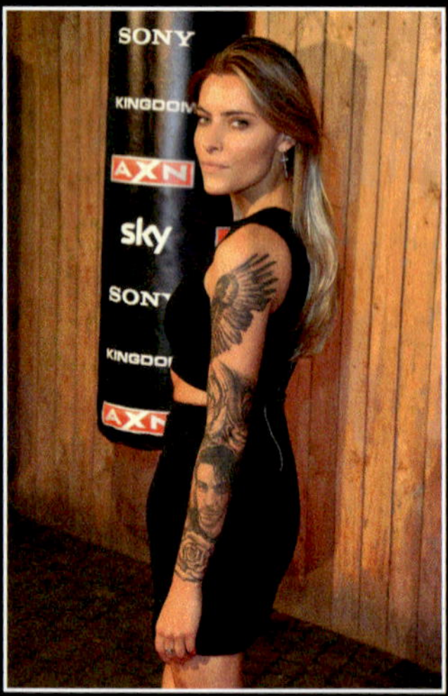

FAKT 82

SOPHIA THOMALLA MIT TATTOO VON TILL LINDEMANN 2015 IN BERLIN

SOPHIA THOMALLA

Eine der berühmtesten Lebensgefährtinnen von Till Lindemann war Schauspielerin, Model und Moderatorin Sophia Thomalla. Der „Agent Provocateur" und das „Super-It-Girl" waren zwischen 2011 und 2015 miteinander liiert. Bis heute ist das von Alter wie von Image so ungleiche Paar eng miteinander befreundet. Und trotz der schweren Vorwürfen gegen den Rammstein-Frontmann im Sommer 2023, in denen es um Machtmissbrauch und sexuelle Übergriffe von Seiten Lindemanns ging, steht seine Ex weiter hinter ihm. Sie sei von Tills Unschuld überzeugt, konstatierte die 1989 Geborene bei t-online.de im Juni 2023, „denn Till ist ein Mann, der die Frauen beschützt." Bis heute prangt ein Tattoo von dessen Gesicht auf ihrem Unterarm.

STATUE

Anlässlich des 60. Geburtstags von Till Lindemann war Anfang Januar 2023 im Rostocker Stadtteil Evershagen von einem unbekannten Künstler eine bronzene Statue des Sängers aufgestellt worden. In dem Viertel hatte Lindemann als Kind gelebt. Nach Informationen des NDR war die 40 Kilogramm schwere Figur nach nur 24 Stunden wieder verschwunden. Der Künstler, der sich Roxxy Roxx nennt, ließ verlauten, dass er Rammstein-Fan sei und aus der Zuneigung zur Band heraus die Skulptur angefertigt hatte.

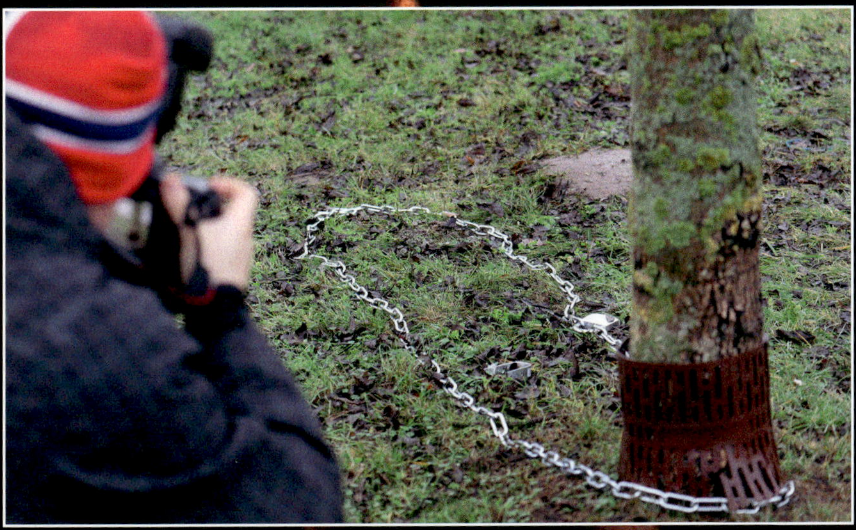

FAKT 83

EINE KETTE MIT EINEM SCHLOSS AN DER STELLE, AN DER EINE STATUE FÜR DEN RAMMSTEIN-SÄNGER TILL LINDEMANN STAND.

STAVENHAGEN –

spielte in den Frühphase von Rammstein eine nicht zu unterschätzende Rolle. Im legendären Live-Club „Tankhaus" trat die Band erstmals am 22. Dezember 1995 auf. Der nur ein paar Hundert Personen fassende Laden platzte aus allen Nähten. Lindemann probierte hier bereits eine Reihe seiner Posen aus, wenngleich er damals lediglich mit freiem Oberköper und strengem Scheitel auftrat. Nur etwas mehr als ein halbes Jahr später zogen Rammstein beim Tankhaus-Festival „Bands für Bands" als Headliner am 6. Juli 1996 Tausende an. Lindemann sang mit „Bestrafe mich", „Sehnsucht" und „Spiel mit mir" drei brandneue Songs, die er in noch unfertigen Versionen vortrug. Auf Platte klangen sie dann ein Jahr später auf dem Album SEHNSUCHT völlig anders. Den berühmten Till Hammer schwang Lindemann aber damals schon.

FAKT 84

RAMMSTEIN LIVE IM JAHR 1996

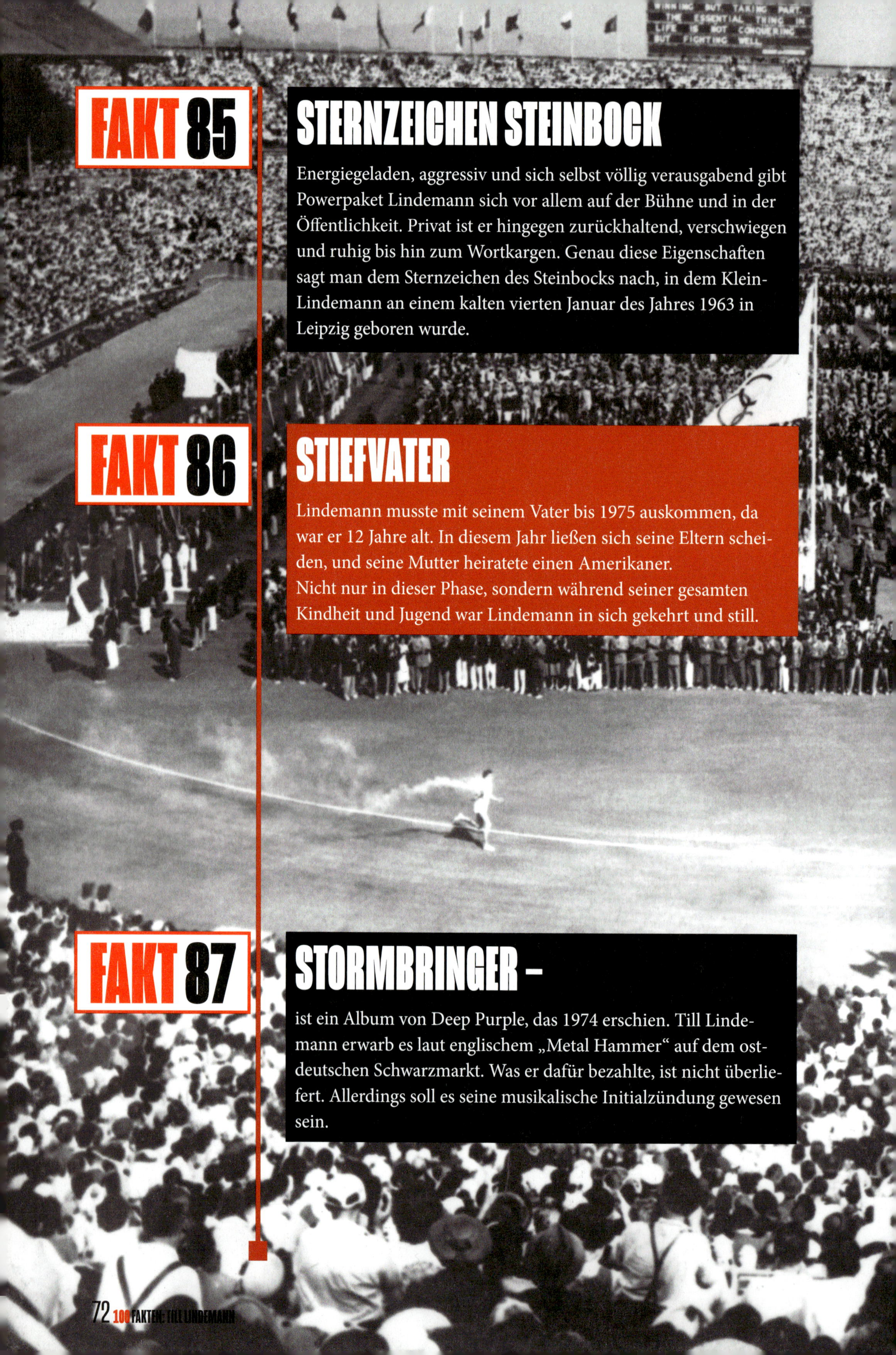

FAKT 85

STERNZEICHEN STEINBOCK

Energiegeladen, aggressiv und sich selbst völlig verausgabend gibt Powerpaket Lindemann sich vor allem auf der Bühne und in der Öffentlichkeit. Privat ist er hingegen zurückhaltend, verschwiegen und ruhig bis hin zum Wortkargen. Genau diese Eigenschaften sagt man dem Sternzeichen des Steinbocks nach, in dem Klein-Lindemann an einem kalten vierten Januar des Jahres 1963 in Leipzig geboren wurde.

FAKT 86

STIEFVATER

Lindemann musste mit seinem Vater bis 1975 auskommen, da war er 12 Jahre alt. In diesem Jahr ließen sich seine Eltern scheiden, und seine Mutter heiratete einen Amerikaner.
Nicht nur in dieser Phase, sondern während seiner gesamten Kindheit und Jugend war Lindemann in sich gekehrt und still.

FAKT 87

STORMBRINGER –

ist ein Album von Deep Purple, das 1974 erschien. Till Lindemann erwarb es laut englischem „Metal Hammer" auf dem ostdeutschen Schwarzmarkt. Was er dafür bezahlte, ist nicht überliefert. Allerdings soll es seine musikalische Initialzündung gewesen sein.

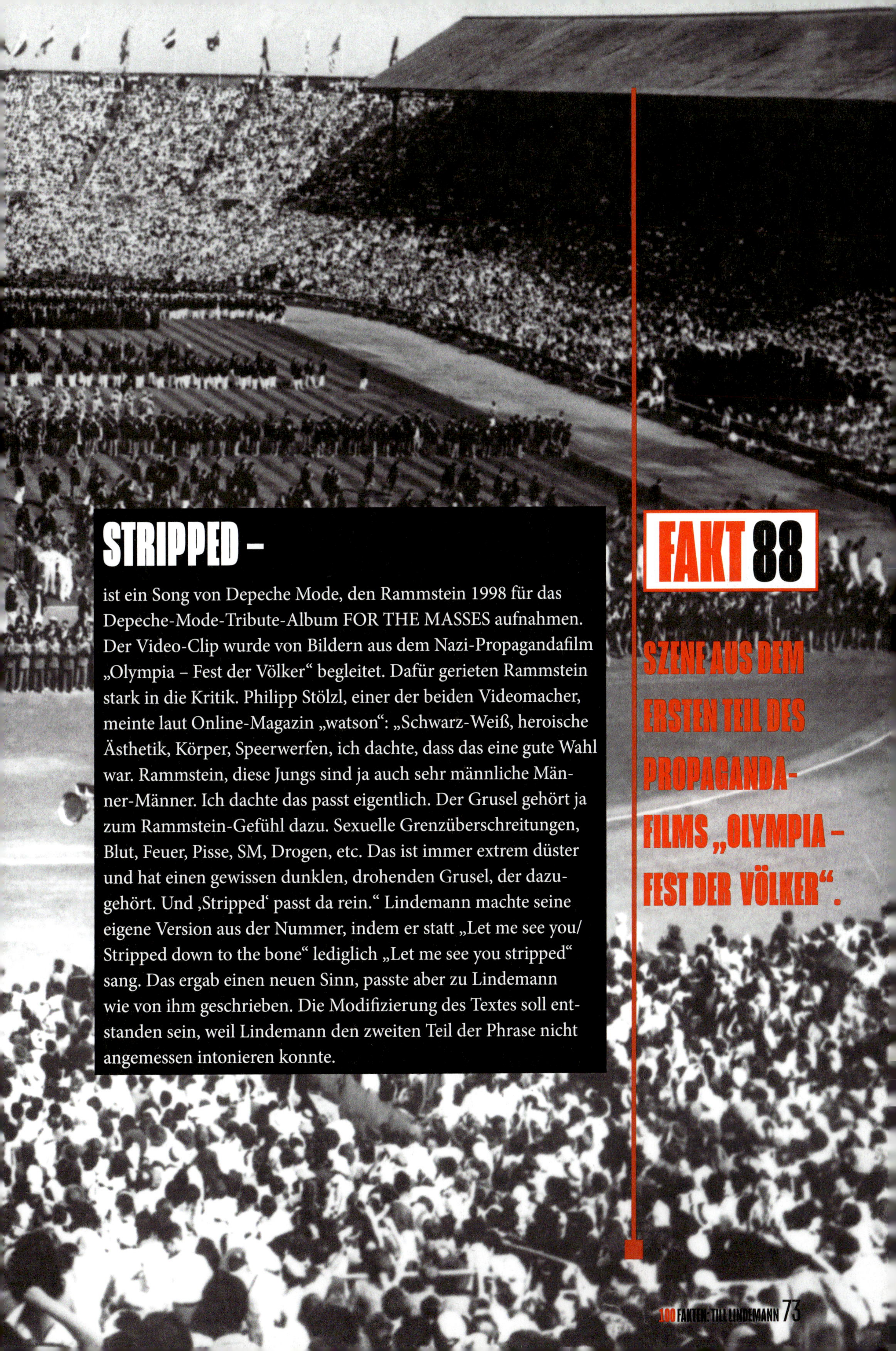

FAKT 88

SZENE AUS DEM ERSTEN TEIL DES PROPAGANDA-FILMS „OLYMPIA – FEST DER VÖLKER“.

STRIPPED –

ist ein Song von Depeche Mode, den Rammstein 1998 für das Depeche-Mode-Tribute-Album FOR THE MASSES aufnahmen. Der Video-Clip wurde von Bildern aus dem Nazi-Propagandafilm „Olympia – Fest der Völker“ begleitet. Dafür gerieten Rammstein stark in die Kritik. Philipp Stölzl, einer der beiden Videomacher, meinte laut Online-Magazin „watson“: „Schwarz-Weiß, heroische Ästhetik, Körper, Speerwerfen, ich dachte, dass das eine gute Wahl war. Rammstein, diese Jungs sind ja auch sehr männliche Männer-Männer. Ich dachte das passt eigentlich. Der Grusel gehört ja zum Rammstein-Gefühl dazu. Sexuelle Grenzüberschreitungen, Blut, Feuer, Pisse, SM, Drogen, etc. Das ist immer extrem düster und hat einen gewissen dunklen, drohenden Grusel, der dazugehört. Und ‚Stripped‘ passt da rein.“ Lindemann machte seine eigene Version aus der Nummer, indem er statt „Let me see you/ Stripped down to the bone“ lediglich „Let me see you stripped“ sang. Das ergab einen neuen Sinn, passte aber zu Lindemann wie von ihm geschrieben. Die Modifizierung des Textes soll entstanden sein, weil Lindemann den zweiten Teil der Phrase nicht angemessen intonieren konnte.

FAKT 89

SÜDAMERIKA-MANIA

Nach den USA und Osteuropa, explizit Russland, ist Rammstein aktuell der größte Südamerika-Export, den Deutschland besitzt. Die „Süddeutsche Zeitung" geht in einem 30-Seiten-Spezial zum Thema „Rammstein" wie folgt auf jenen Aspekt dieses Phänomens ein: „Bei den Latinos sind sie sowas wie der deutsche Botschafter da draußen", schreibt SZ-Magazin-Chefredakteur Timm Klotzek im Überschwang. „Auch hier gibt es viele junge Leute, die unglaublich textsicher deutsche Lyrik nachsingen. Erstaunlich!"

FAKT 90

THE TILL HAMMER –

ist eine Bewegung, die Lindemann häufig bei den monotonen brachialen Gitarrenriffs vollzieht. Dabei geht er leicht in die Knie, stützt sich mit der linken Hand auf dem Oberschenkel ab und schlägt die rechte Faust in rhythmischen Kreisbewegungen auf das andere Bein.

TILL LINDEMANN IN TYPISCHER POSE

FAKT 91

TILL-FREIE RAMMSTEIN-ZONE

Till Lindemann ist der charismatische, energetische Sänger und Texter von Rammstein. Er haucht als Frontmann der Band live auf der Bühne genauso wie in den Musik-Videos und im Studio vor dem Mikrophon den Figuren, die er besingt, fast schon beängstigend authentisch Leben ein. Dadurch, dass die Texte, in denen Lindemann sich mit seiner Innenwelt, mit seinen Träumen und vor allem Albträumen auseinandersetzt, so sehr umstritten sind, steht er auch selbst immer wieder im Zentrum des Kreuzfeuers der Kritik, der sich Rammstein ausgesetzt sieht.

So energiegeladen, aggressiv und sich selbst völlig verausgabend Lindemann sich auf der Bühne gibt und so sehr er durch die Inhalte der Lieder Seelenstriptease betreibt, ist er in der Öffentlichkeit zurückhaltend, verschwiegen und ruhig bis hin zum Wortkargen. Wegen dieses kontroversen Charakters ist die Formation Rammstein ohne Lindemann niemals möglich.

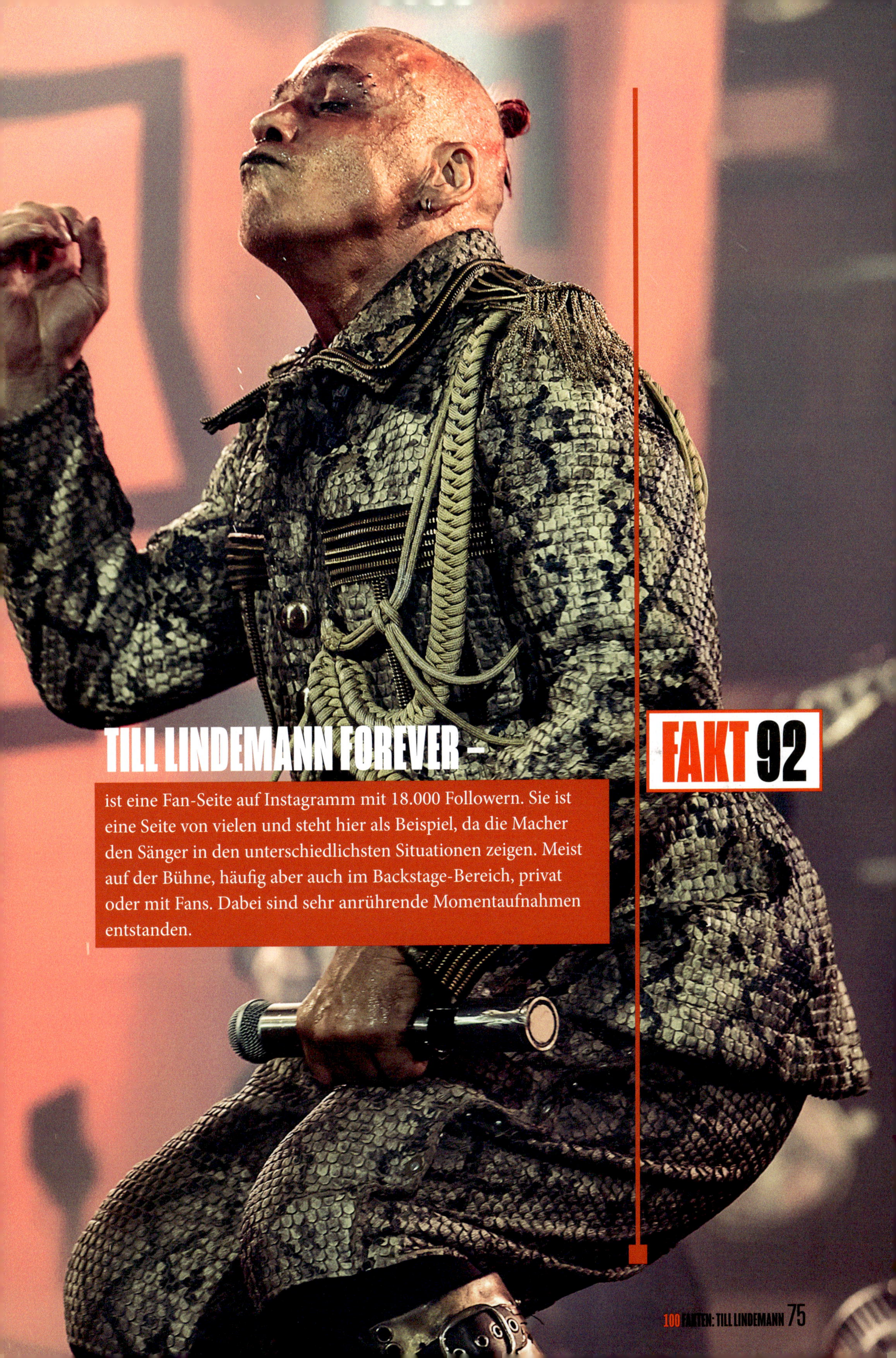

FAKT 92

TILL LINDEMANN FOREVER –

ist eine Fan-Seite auf Instagramm mit 18.000 Followern. Sie ist eine Seite von vielen und steht hier als Beispiel, da die Macher den Sänger in den unterschiedlichsten Situationen zeigen. Meist auf der Bühne, häufig aber auch im Backstage-Bereich, privat oder mit Fans. Dabei sind sehr anrührende Momentaufnahmen entstanden.

FAKT 93

UNFÄLLE –

gibt es auf der Bühne immer wieder mal. Jüngst ereignete sich einer beim 2023er Tourneeauftakt im litauischen Vilnius, bei dem Till Lindemann am Ende der Show stolperte und im hinteren Bereich von der Bühne stürzte. Es war im Publikumsbereich deutlich ein Aufprall zu hören. Allerdings verletzte sich der Sänger nur leicht, so dass er schon wenig später mit den anderen Band-Mitgliedern den obligatorischen Fahrstuhl besteigen konnte, um mit ihm an die Spitze der Bühnenaufbauten gefahren zu werden. Die meisten Blessuren soll er durch seine Pyro-Show erlitten haben. Verbrennungen an Ohren und Armen seien immer wieder vorgekommen. Laut „Der Standard“ hat er sich 1996 als Pyrotechniker ausbilden lassen, um auf der Bühne für sich und seine Band-Kollegen eine größere Sicherheit zu erlangen.

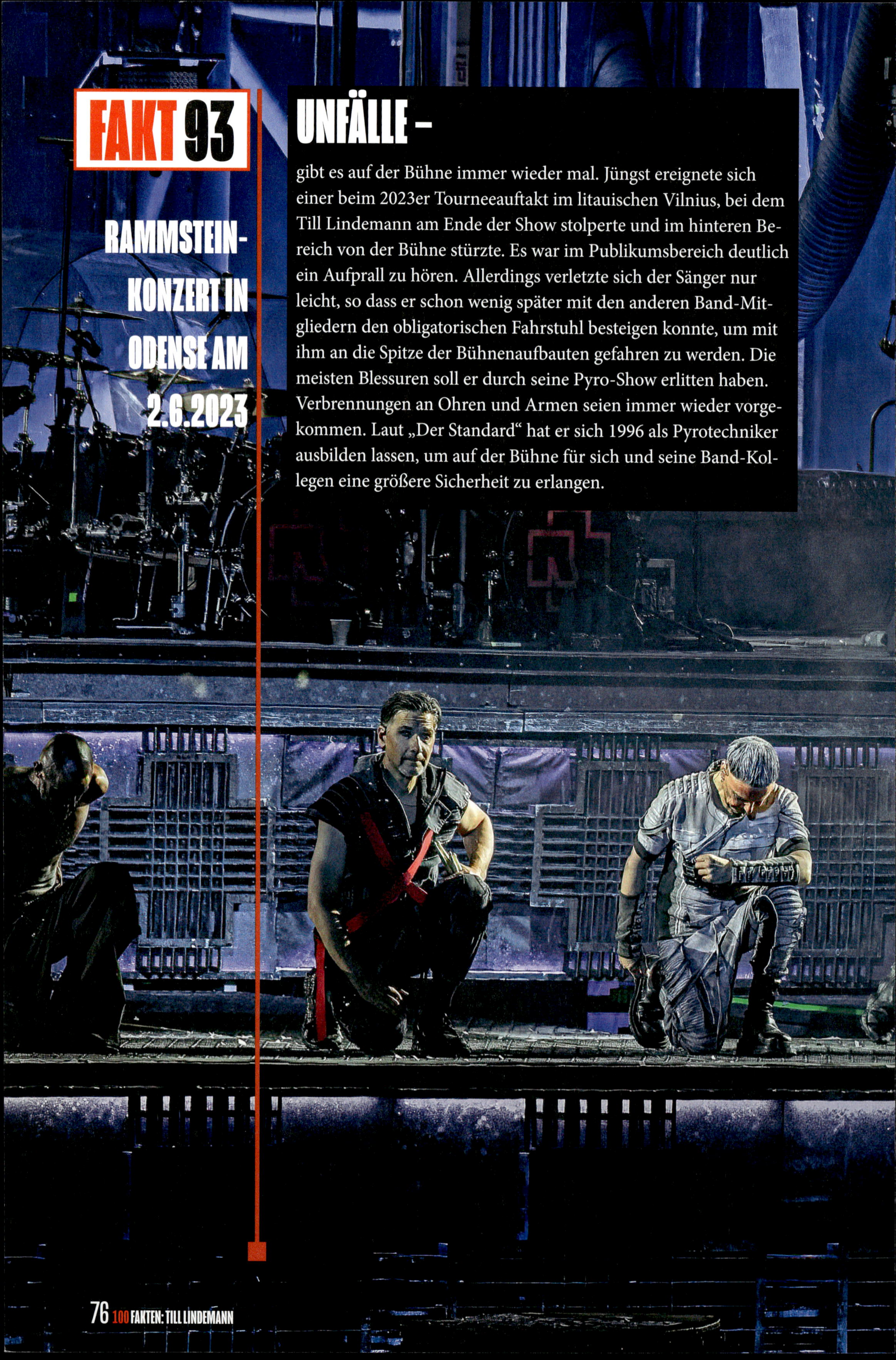

RAMMSTEIN-KONZERT IN ODENSE AM 2.6.2023

FAKT 94

VATER

Der Vater des Rammstein Frontmanns, Werner Lindemann, Jahrgang 1926, ist studierter Naturwissenschaftler, der sich beruflich in viele Richtungen orientierte: Er war Landarbeiter, Lehrer an einer landwirtschaftlichen Berufsschule, Dozent und Referent. Vor allem aber wurde er als Lyriker und Autor von Kinderbüchern wie „Der tapfere kleine Fisch“ dermaßen bekannt, dass man sogar eine Grundschule in Rostock nach ihm benannte.
Näherte sich Werner Lindemann in seinen Büchern den Kindern sanft an, hatte er zu seinem Sohn ein problematisches Verhältnis, das er in dem Buch „Mike Oldfield im Schaukelstuhl. Notizen eines Vaters“ 1988 verarbeitete. Lindemann Junior kam darin nicht besonders gut weg, denn sein Vater sprach ihm, wie er schrieb, „besondere geistige Neigungen“ ab. Werner Lindemann legte eine unsägliche Strenge an den Tag, und er soll seinen Filius sogar geschlagen haben. Es ist also kein Wunder, dass Vater und Sohn weder in Kindheit und Jugend des Ausnahme-Künstlers noch später im Erwachsenenalter des Sängers miteinander auskamen. Als Werner Lindemann im November 1993 starb, beschloss Lindemann, dessen Grab bei einer Kirche in der Nähe von Wendisch-Rambow nie mehr zu besuchen.

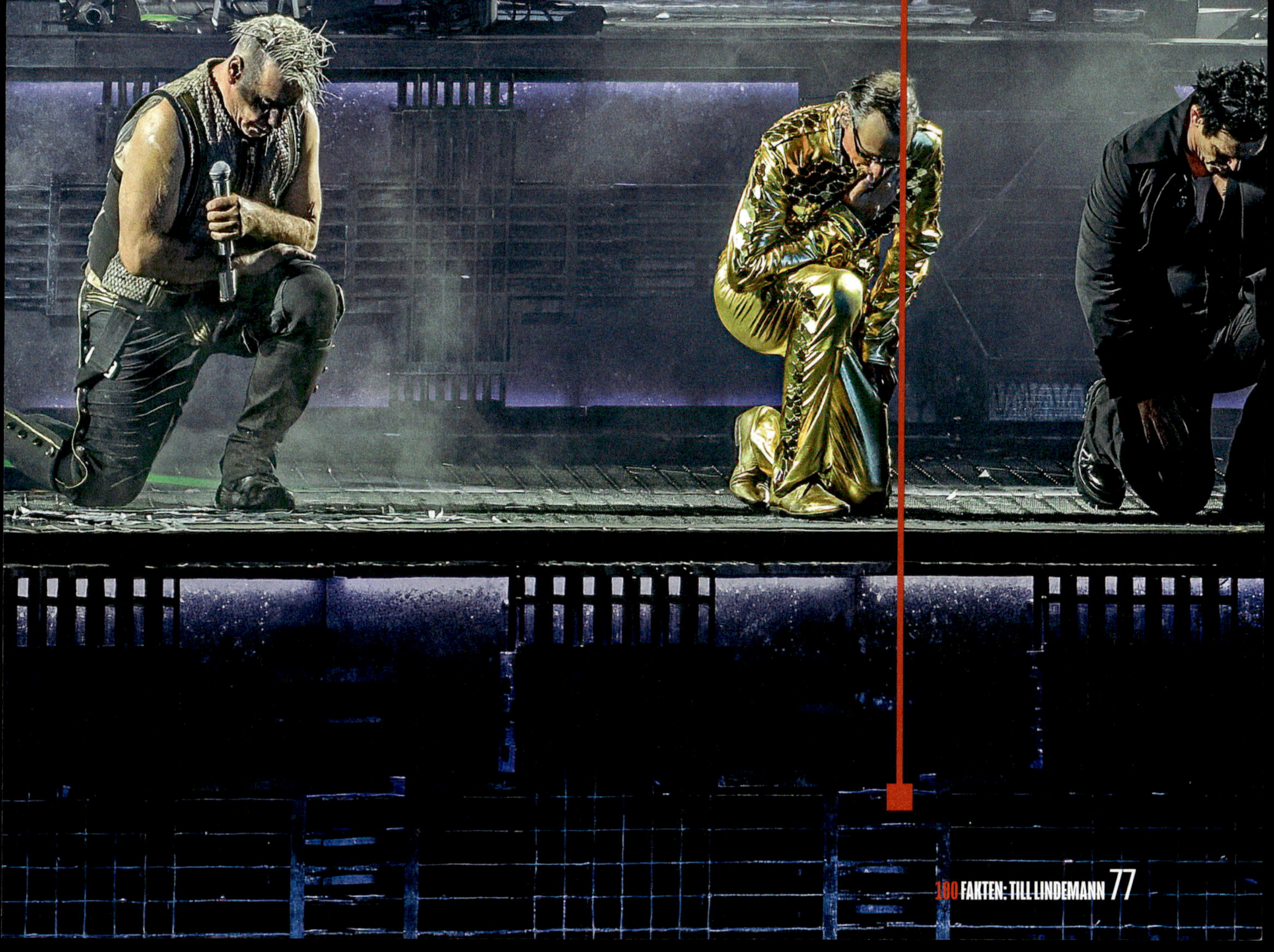

FAKT 95

BEI DER EUROPA STADION TOUR 2002

VERKLEIDUNG

Ganz besonders der visuelle Aspekt bei Rammstein war der Gruppe seit ihrer Gründung extrem wichtig, er war dermaßen originell, spektakulär und häufig auch verstörend, dass er aus dem Sextett erst die weltweit erfolgreiche Band machte, die sie heute ist. Jede Menge Missverständnisse tauchten auf, was die Ästhetik der Formation angeht – manche ungewollt, etliche aber bewusst oder unbewusst von dem Sechser herausgefordert. Zu etlichen Vorwürfen, die von den Medien an die Band herangetragen wurden, gab es keine offiziellen Stellungnahmen. „Wir wollen uns nicht groß erklären müssen", hat Sänger Till Lindemann stets in seinen wenigen Interviews gebetsmühlenartig betont, „weil wir unsere Anhänger für intelligent genug halten, sich ein eigenes Urteil über unsere Arbeit zu bilden."

FAKT 96

VERMÖGEN

Business Man Lindemann besitzt unter anderem die „Fat Lindemann Burger"-Kette in Berlin, das „Leipzig Angels"-Fußballteam, er hat mit „Pure Wonderlindemann" eine eigene Wodka-Marke initiiert, sowie mit der Parfüm-Linie „Von Till mit Liebe" und der Mode-Linie „Verführung by Till Lindemann" Firmen, mit denen er versucht, eine jüngere Zielgruppe zu erreichen. Die meisten Fans reagieren mit Begeisterung – und Kaufkraft – darauf.

FAKT 97

VIDEO-CLIPS –

sind für Lindemann eine elementare Kunstform. In den meisten dieser Kurzfilme watet der Musiker bildlich gesprochen durch Blut, Schweiß, Urin und Sperma. Trotzdem, so Lindemann im österreichischen „Kurier" will er mit diesen Bildern nicht provozieren. Auf die Videos zu den Lindemann-Songs angesprochen sagte der Sänger der Zeitung: „Es glaubt mir keiner, aber ich bezwecke damit gar nichts. Das sind einfach die Gedanken, die ich habe – die so viele Männer haben. Nur bin ich in der Lage, sie in Worte und Texte fassen zu können. Und die kommen einfach so raus… so wie das ist, wenn zwei Männer zusammen Spaß haben."

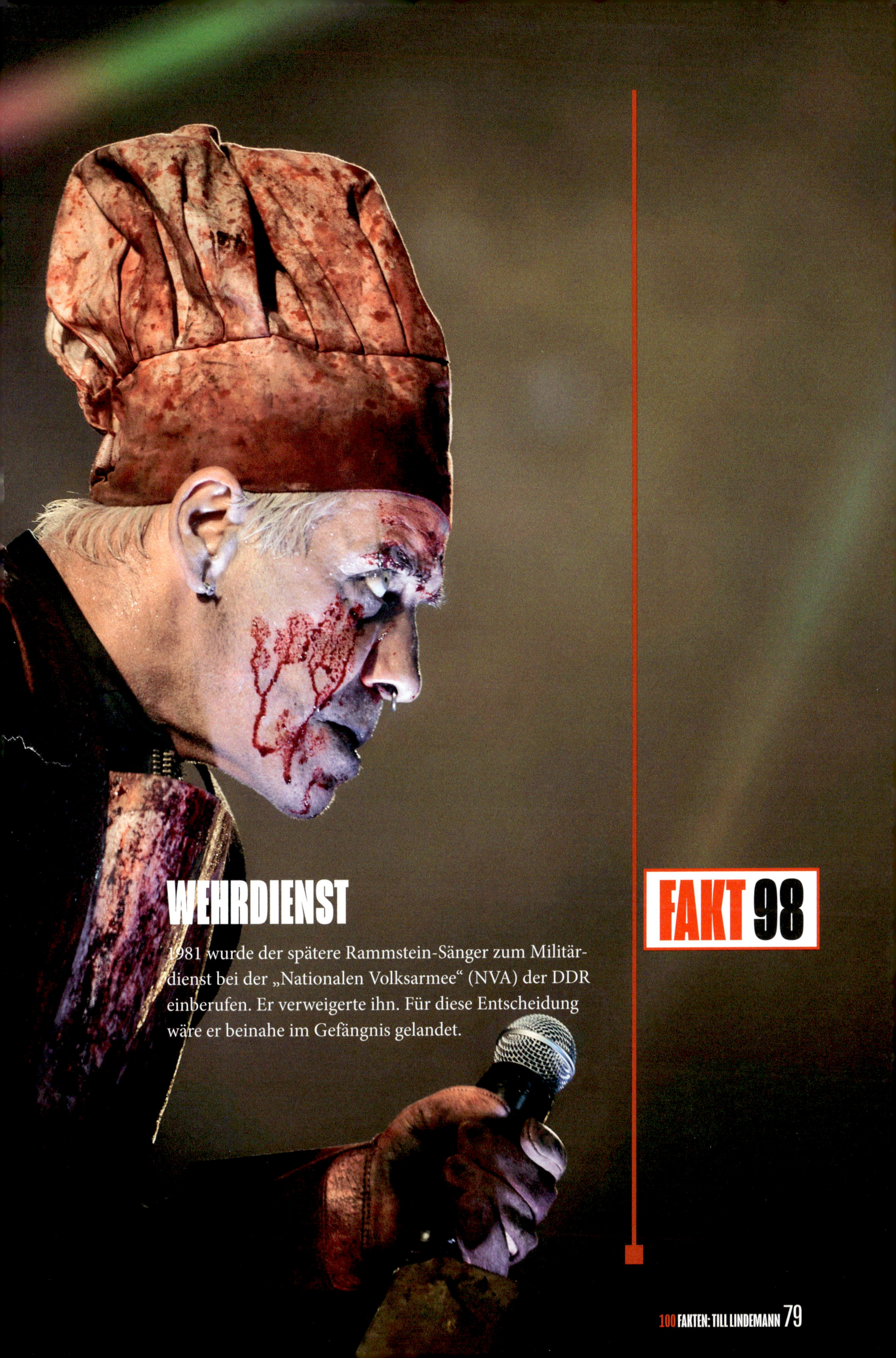

FAKT 98

WEHRDIENST

1981 wurde der spätere Rammstein-Sänger zum Militärdienst bei der „Nationalen Volksarmee“ (NVA) der DDR einberufen. Er verweigerte ihn. Für diese Entscheidung wäre er beinahe im Gefängnis gelandet.

FAKT 99

WORCESTER –

TILL LINDEMANN ZUSAMMEN MIT KEYBOARDER FLAKE LORENZ BEIM WACKEN OPEN-AIR-FESTIVAL 2013

im Bundesstaat Massachusetts, war jener Ort, in dem Till Lindemann und Keyboarder Flake im Juli 1999 ins Gefängnis kamen. Wie damals MTV-News berichtete, wurden die beiden unmittelbar nach einem Konzert verhaftet und wegen unzüchtigem und laszivem Verhalten angeklagt. Weil Lindemann und Flake während des Songs „Bück Dich" auf der Bühne Analsex simulierten, waren die örtlichen Behörden zur Tat geschritten. „Sie bestreiten vehement jegliches strafrechtliche Fehlverhalten, haben aber einen Anwalt vor Ort eingeschaltet und beabsichtigen, die Gesetze der betreffenden Stadt zu respektieren, indem sie diese Angelegenheit bis zu ihrem logischen Ende durchziehen", erklärte damals ein Sprecher der Band. Beide wurden einen Tag später wieder auf freien Fuß gesetzt und konnten tags darauf ihre Show in Toronto in Kanada spielen.

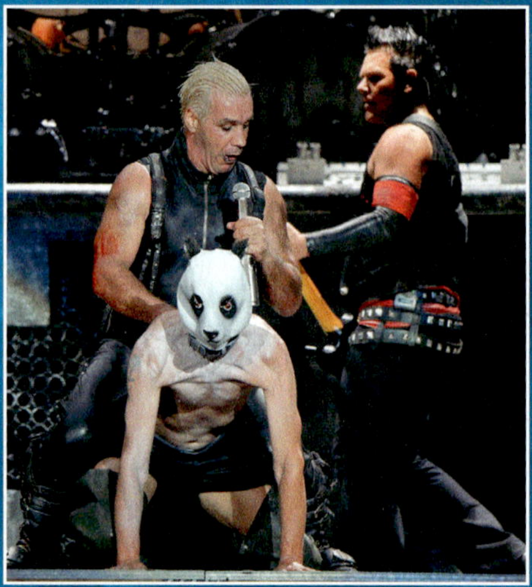

FAKT 100

ZUKUNFT

Rammstein, denen Till Lindemann seit jeher als Frontmann und provokativer Texter vorsteht, wird jedenfalls – so viel ist bei allen in der Öffentlichkeit bekannt gewordenen Zukunftsaktivitäten gewiss – auch weiterhin die Fans begeistern und den Kritikern die Falten auf die Stirn treiben. Denn mit jeweils neuen Songs stößt das Sextett immer mehr an weitere Grenzen. Einige davon wurden und werden stetig überschritten und halten damit nicht nur den Fans, sondern auch vielen von denen, die negativ über sie urteilen, einen Spiegel vor – um ihnen dadurch vielleicht ganz neue Denkperspektiven zu eröffnen. Das machte die Band seit ihrer Gründung und über die Jahre hinweg bis in die Gegenwart zu einem nicht nur interessanten, sondern zu einem aufwühlenden, reizvollen und heiß diskutierten Phänomen. Ein Phänomen, das im internationalen Rockzirkus einzigartig ist und bis heute seinesgleichen sucht.